1초
여행 꿀팁

급할 때 바로 써먹는

1초 여행 꿀팁

신익수 지음

매일경제신문사

머리말

왜 없을까?

'수학의 정석(해법)'은 있는데, 왜 '여행의 정석(해법)'은 없을까.

말하자면 이런 식이다.

문제 1 반값에 미국(해외여행) 가고 싶다.
풀이 1초 암기법 : 경유의 공식(미국 갈 때 중국 경유하면 40퍼센트 할인)
답 중국 경유 항공권 구입

문제 2 괌·사이판 패키지여행 싸게 가고 싶다.
풀이 1초 암기법 : 일화 공식(패키지여행 출발일을 일요일과 화요일 사이로 바꾸면 10만 원 싸짐)
답 일요일 출발 괌·사이판 패키지여행 구입

문제 3 필리핀 팔라완 남부 쪽에 급히 갈 일이 생겼다. 안전할까?
풀이 1초 암기법: 공사공식(0404 사이트에서 나라별 안전도 점검, 팔라완 남부는 적색이라 방문 불가)
답 경보 하향 때까지 대기

어떤가. 맨날 먹튀하는 사기 여행사, 뒤통수 쾅 치고 싶으신가. '샤넬 백' 하나 면세 쇼핑으로 20퍼센트 이상 싸게 사고 싶으신가.

지금까지 이런 여행 책은 없었다고 감히 말씀드린다. 《수학의 정석》같이 여행을 하다 고민이 되고 호구가 될 것 같은 싸한 느낌이 드는 그 순간, 모든 경우의 수를 계산해 상황별로 써먹을 수 있는 '여행 꿀팁'을 공식화한 '여행 꿀팁의 정석'이니까. 그래서 경고부터 드린다. 이 책은 철저한 실용서다. 아찔한 여행지의 풍광을 담은 멋진 사진이나 말랑말랑한 언어의 유희 따위는 눈 씻고 찾아봐도 없다. 그런 친절한 여행 책을 바란다면 이 책은 그냥 지나쳐주시길.

이 책은 '비법 노트'처럼 직설적이고 간결하다. '여행 꿀팁 실용서'답게 철저히 '암기 위주'의 핵심 공식과 요점만 바로 찍어드린다. '근의 공식', '피타고라스 정리' 같은 기본 공식을 외우듯 패키지여행 절대 사기당하지 않는 '동현이와 연합하라' 공식, 10만 원 싸게 사는 '일화' 공식만 외우면 바로 실전에서 써먹을 수 있다. 늘 고민되는 여행자보험은 집 화장실에서 휴지가 없을 때 아내(여보)에게 휴지를 던져달라는 외침, '여보~휴지' 공식으로 간단히 해결된다. 모두 '1초 암기법'으로 연상법을 통해 암기할 수 있다.

본 기자는 여행전문기자 생활만 15년째다. 그 경험으로 '뇌즙'을 짜보니 해외여행 때 필수적으로 알아야 할 공식은 딱 34개로 정리됐다. 딱 1분씩, 마치 1분 어드바이스를 받듯 1 내 1 개인 과외 형식으로 구성했다.

여기서 잠깐. '니가 뭔데, 그렇게 여행 도사야?' 하며 딴지 걸 사람들을 위해 PART 2에서는 다양한 분야의 여행 초고수 꿀팁까지 총정리해 넣었다. 곽튜브, 영알남 같은 고수의 원 포인트 레슨뿐 아니라 '스카이스캐너', 〈론리플래닛〉 등 여행 전문지, 승무원, 심지어 '정보의 신神' 챗GPT가 내놓은 여행 꿀팁을 총망라해 한눈에 볼 수 있도록 했다. 특히 분쟁의 소지가 많은 애매한 상황에 대해서는 여행 분야의 '한문철', 여행 전문 변호사들의 꿀팁과 조언까지 낱낱이 소개해놓았으니 필히 알아두시길. 부록에는 대한민국 최고 여행사 '하나투어'를 이용해야만 받을 수 있는 '나라별 여행 꿀팁'을 양념으로 톡톡 털어 넣었다.

긴 말 필요 없다. 사시라. 달달 외우시라. 써먹으시라. 해외여행을 앞둔 당신이라면 당장 5만 원, 아니 50만 원도 가뿐히 아낄 수 있을 테니까. 돈이 문제겠는가. 나라별 안전도 점검 공식은 당신의 목숨까지 구해줄지도 모르는데.

2024년 갑진년 새해 편집국에서

신 익 수 여행전문기자

주의사항

이 책의 내용을 실전에 적용할 때 다음과 같은 부작용이 발생할 수 있습니다.

강의 요청이 쇄도합니다!

'1초 암기법'을 달달 외우면 여행업계에서 강의 요청이 쇄도할 수 있습니다. 꿀팁 일타 강사 신익수가 홀로 뛰던 블루 오션이니 사정 봐가면서 써먹어주시길 당부드립니다.

오해가 늘어납니다!

전문적인 내용을 모두 꿰차게 되면 출신 성분에 대한 오해가 벌어질 수 있음을 경고드립니다. '여행사 직원 아냐? 혹시 아내가 스튜어디스 아냐?' 하는 오해가 생길 수 있습니다. 잘 대처하시길.

양심에 가책이 생길 수 있습니다!

호텔 웰컴 선물 받는 법, 기내 비즈니스석 공짜 업그레이드 꿀팁 등은 사실 치사해 보일 수 있는 꼼수 같습니다. 양심에 가책이 생길 수 있지요. '치사하다, 이런 게 꿀팁이냐'며 저한테 욕하지 마시고 진정 짠내 여행을 원하신다면 양심은 꾸욱 누르고 나서 실행에 옮기시길.

위 부작용이 발생할 수 있음을 충분히 인지했고, 그럼에도 이 책을 계속 읽고 싶다면 다음 장을 펼치시길 바랍니다.

차례

PART 1 여행 고수만 아는 '찐 여행의 기술'
예약부터 출국, 기내, 해외에서까지 절대 호갱 안 되는 여행 공식 34가지

필살기편 : 바로 써먹는 마법의 '1초 필살기'

1. 딱 1초! 나라별 안전도 점검법 ··· **17**
2. 인천공항 주차비 75퍼센트 아끼는 1초 ···························· **19**
3. 1초의 고민도 필요 없다! 항공권은 일요일 ······················ **21**
4. 1초 방문으로 공짜 시티 투어를 한다고? ························ **24**
5. 1초, 딱 한 단어만 쓰면 호텔 웰컴 선물이 공짜 ·············· **26**

역공법편 : 여행 사기 잡는 '역공법'

6. 절대 사기 안 당하는 패키지여행 요주의 단어 ················ **29**
7. 홈쇼핑 상품, 사기 피하는 마법의 단어 '짜가' ················· **32**
8. 폐업하고 사라졌다? 폐업 사기 잡는 '보신증' 공식 ········· **34**
9. 오버부킹 뒤통수 때리기! 좌석 공짜 업그레이드 비법 ···· **36**

할인법편 : 돈 버는 여행의 기술 '짠내 나는 할인법'

10. 5만 원 짜리를 1만 5,000원에? 여권 할인법 ················· **40**

11. 5만 원 절약하는 이중환전법 — **42**
12. 패키지여행 10만 원 싸게 가는 '일화' 공식 — **45**
13. 항공권 싸게 사는 '화목' 공식 — **47**
14. 항공권 반값에 사는 경유의 마법 — **49**
15. 20퍼센트는 무조건 싸다! '시팔로마(시파로모)' 공식 — **52**
16. 항공권이 싸지는 마법의 요일, '국화'와 '항일' 공식 — **54**

절약법편 : 시간을 절약하는 인천공항 '총알 출국법' ▼

17. 인천공항 초고속으로 통과하는 '아오대이'와 '77' 공식 — **58**
18. 50만 원 버는 여행자보험 필살기 '여보~휴지' 공식 — **61**
19. 헷갈리는 수하물 규정, '불담배'만 외우라! — **63**
20. 여행 고수도 모르는 인천공항 사용설명서 — **65**
21. 수하물이 사라졌다고? 제대로 보상받는 '일파삼분' 공식 — **68**

응용법편 : 기내가 호텔이 되는 '마법의 응용법' ▼

22. 생존 확률이 가장 높은 좌석 '비상 3' — **73**
23. 공짜 케이크를? 승무원만 아는 기내 공짜 아이템 2가지 — **75**
24. 20퍼센트 이상 싸진다! 기내 면세품 쇼핑하는 '환상기' 공식 — **78**
25. 기내 시차 적응법, '동방신기' 공식 — **80**
26. 절대 안 가르쳐준다! 기내 공짜 아이템 10가지 — **82**

취소법편 : 여행사가 절대 알려주지 않는 '취소 필살기'

27. 여행 하루 전에 취소해도 수수료 안 문다! '불사신' 공식 ········ **87**
28. 연착, 제대로 보상받는 '440' 필살기 ········ **89**
29. 절대 보상받을 수 없는 사고가 있다? ········ **92**

해외 실전편 : 해외에서 당하지 말자

30. 현금 쓸까, 카드 쓸까? '원강카'만 외우라! ········ **96**
31. 사고 SOS? 해외 사고 대처 6계명 ········ **98**
32. 순식간에 당했다! 3,000달러 초간단 조달법 ········ **100**
33. 여성, 나 홀로 여행족이 명심해야 할 6계명 ········ **102**
34. 갑자기 일정 변경? 악질 가이드 처리법 ········ **104**

PART 2 초고수도 절대 말해주지 않는 '찐 여행의 비법'

승무원편

1. 승무원만 아는 비즈니스석 공짜 업그레이드 꿀팁 ········ **111**
2. 승무원이 무조건 찜하는 기내 좌석 ········ **113**
3. 이런 가방은 절대 사지 마세요! 승무원 가방 선택 꿀팁 ········ **115**

4. 여성 전용 기내 꿀팁, 이런 게 있다고? ········· **117**

5. 승무원만 아는 호텔 이용 꿀팁 ········· **119**

6. 24년 차 승무원의 장거리 비행 꿀팁, 기내식은 먹지 마라! ········· **120**

7. 3만 피트 상공의 극한 직업, 승무원의 건강법 ········· **122**

8. 승무원이 말하고 싶은 6가지 비밀 ········· **127**

전문지편 ▼

1. 스카이스캐너 : 승무원도 숨긴다! 기내 무료 서비스 ········· **131**

2. 한국관광공사 : 신혼여행 절대 사기 안 당하는 체크리스트 ········· **134**

3. 뉴욕타임스 : 천재지변도 된다고? 스마트한 환불 비법 ········· **137**

4. 에어비앤비 : 가족 장기 여행, 진짜 잘하는 꿀팁 ········· **139**

5. 허핑턴포스트 : 여행 망치는 나라별 '괴상한 법' 총정리 ········· **141**

6. 스마트 트래블러 : SOS 해외여행 사고 대처법 ········· **147**

7. 위키트리 : 해외 배낭여행족을 위한 생존 매뉴얼 ········· **150**

찐고수편 ▼

1. 2,300만 마일 여행한 찐고수의 기내 VIP 대접받는 '안면 신공' ········· **154**

2. 여행사 직원만 쓴다! 반값 티케팅 실전 비법 ········· **155**

3. 브라이언 캘리 : 항공사 뒤통수치는 '오버부킹 되치기 신공' ········· **157**

4. 여행 파워 블로거가 공개한 자유여행 안전 꿀팁 ········· **160**

5. 여행전문기자가 몰래 써먹는 '특가 항공권 신공' ······ **162**
6. 모니카 험프리스 : 이거면 공항에서 16만 원 아낀다! ······ **165**

변호사편 ▼

1. 현지 가이드의 일방적 일정 변경, 보상받을 수 있다? 없다? ······ **168**
2. 수하물이 사라졌다? 제대로 보상받는 꿀팁 ······ **170**
3. 일주일 새 2배! 기습 가격 인상 호텔, 처벌은? ······ **173**
4. 현금 결제 강요 때 혼쭐내는 법, 딱 정해드립니다! ······ **175**
5. 리조트·펜션, 청소 안 했더니 배상하라고? ······ **177**
6. 솔직 후기 쓰고 신상 털렸다면 참교육 시전하세요! ······ **179**
7. 여행지 영상, 막 올리다가는 수억 물어준다고? ······ **182**

항공사편 ▼

1. 항공권은 무조건 일요일에 사라! ······ **186**
2. 아기와 함께 항공사 이용하는 꿀팁 ······ **188**
3. 짐이 절반으로 줄어드는 외투 보관 서비스 ······ **191**
4. 기내에서는 현지 시간에 맞춰 행동하라! 장거리 여행 꿀팁 ······ **193**
5. 기내 담요, 절대 그냥 가지고 나오면 안 되는 이유 ······ **194**
6. 1분 만에 체크인? 출국 시간 대폭 줄이는 꿀팁 ······ **196**
7. 장거리 노선 20퍼센트 이상 돈 아끼는 꿀팁 ······ **198**

챗GPT편

1. 챗GPT에게 물었다 : 호텔 무료 업그레이드를 받으려면? ········· **201**
2. 챗GPT에게 물었다 : 항공권 싸게 사는 꿀팁은? ················· **204**
3. 챗GPT에게 물었다 : 여행 후 남은 동전은 어디에 쓸까? ········ **206**
4. 챗GPT에게 물었다 : 요주의 해외 사기꾼 유형은? ··············· **208**
5. 챗GPT에게 물었다 : 비행기에서 귀가 아프다면? ················ **211**
6. 챗GPT에게 물었다 : 여성 혼자 여행, 주의점과 추천 나라는? ···· **213**
7. 챗GPT에게 물었다 : 공짜로 여행할 수 있는 방법은? ············ **219**
8. 챗GPT에게 물었다 : 여행하면서 돈 버는 꿀팁은? ··············· **222**
9. 챗GPT에게 물었다 : 죽기 전에 꼭 가봐야 할 호텔은? ·········· **225**
10. 챗GPT에게 물었다 : 죽기 전에 꼭 가봐야 할 여행지는? ······· **227**

유튜버편

1. '영알남YAN'의 무조건 피하라! 여행지 사기 수법 4가지 ········ **231**
2. '곽튜브'가 목숨 걸고 챙긴다! 해외여행 필수품 3가지 ·········· **233**
3. 100만 유튜버 '유우키의 일본이야기 YUUKI' 일본 여행 꿀팁 7가지 ··· **235**
4. '쏘이Soy The World'의 여행 3대 멍청비용을 줄이라! ············ **240**
5. 프로 출국러 '유소영'의 공짜 해외여행 비법 ···················· **242**
6. 여행 본능을 자극하는 해외 유튜버 4인 ······················· **244**

부록 - 나라별 여행 꿀팁   **248**

PART 1

여행 고수만 아는 '찐 여행의 기술'

필살기편

역공법편

할인법편

절약법편

응용법편

취소법편

해외 실전편

필살기편
바로 써먹는 마법의 '1초 필살기'

필살기편, 딱 1초 만에 정복한다. 이름하여 서바이벌 여행 꼼수다. 외워두면 언젠가는 써먹는다. 특히 1초 만에 뚝딱 결과를 알 수 있는 나라별 안전도 점검법은 당신의 목숨을 구할지도 모른다. 1초만 고민하면 무려 75퍼센트를 절약할 수 있는 인천공항 주차 신공도 이참에 알아두자. 어려울 것 없다. 누구나 1초만 고민하면 여행 실전에 써먹을 수 있는, 정말이지 1초 필살기다.

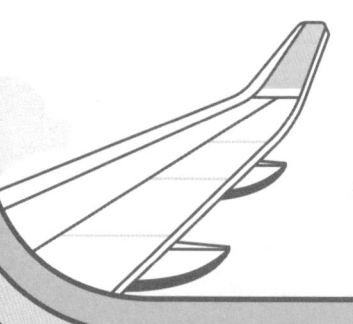

딱 1초!
나라별 안전도 점검법

짜증난다. 갑자기 출장 명령이 떨어졌다. 게다가 필리핀이다. 총기 사용 허가까지 돼 있는 나라가 아닌가. 물론 출장을 가는 곳은 마닐라 인근이지만 스멀스멀 불안감이 올라온다. 최근 현장에서 위험한 상황이 벌어졌는지도 의심스럽다.

이럴 때 잠깐, 갈까 말까 고민이 될 때 딱 1초면 된다. 검색창에 나라명만 입력하면 총알처럼 안전도를 점검할 수 있는 마법의 창이 있다. 의외로 모르는 여행족이 많다. 이참에 외워두자.

> **1초 암기법**
>
> ### 1초 안전도 점검 필살기
>
> **[암기법]** 공사공사(0404)
> - 나라별 안전도 점검 사이트 : 외교부 해외안전여행(www.0404.go.kr)

웃을 일이 아니다. '공사공사' 필살기를 아는 게 당신의 생명을 좌우할 수도 있다. 그럼 공사공사의 의미는? '0404'다. 외교부가 운영하는 '외교부 해외안전여행(www.0404.go.kr)' 사이트 주소다. 뒤에 'go'는 정부 공식 기관government을 말한다.

그럼 어떻게 써먹을까? 간단하다. 이 사이트에 접속하면 맨 위에 '네이버' 검색창처럼 네모난 검색창이 있다. 여기에 방문하고자 하는 나라명(도시명이 아니라 나라명)을 입력하면 된다. 다음으로 해석법만 알면 된다. 진짜 쉽다. 그야말로 '직관적'이다. 운전할 때 보는 신호등 색만 떠올리면 된다. 나라별로 '여행유의(청색)', '여행자제(황색)', '출국권고(적색)', '여행금지(흑색)' 4단계 안전도 정보를 보여준다.

먼저 청색이다. 여행유의? 오케이다. '유의'라는 단어에 쫄 것 없다. 무조건 고go다. 황색? 길거리 신호등 신호와 마찬가지다. 반반, 그러니까 여행자제다. '자제'라는 말이 애매하다고? 애매할 것 전혀 없다. 운전할 때와 똑같다. 황색등이 켜지면 당연히 주의하며 속도를 줄여야 하지만, 어떤가. 급하면 지나간다. 마찬가지로 여행을 가도 된다는 의미다.

적색부터가 문제다. 올킬이다. 절대 가면 안 된다. 출국권고, 여행금지는 '금지'라고 아예 못 박아두시라. 외교부의 해석은 이렇다. 적색의 출국권고는 긴급 용무가 아닌 한 철수하고 가급적 여행을 취소하라는 신호다. 흑색은 절대 못 간다. 수년째 안 바뀌고 유지되고 있다. 현재 흑색 분류 나라는 이라크, 소말리아, 아프가니스탄, 예멘, 시리아, 리비아 등 6곳이다.

여기서 의문이 든다. 갑작스럽게 전쟁이 난 러시아와 우크라이나 같은 경우는? 우크라이나를 검색해보면 전체가 흑색이다. 못 간다. 러시아는 조금 다르다. 우크라이나 접경지대는 적색과 흑색, 나머지 지역은 희한하게 신호등 색이 아닌 빨강 빗금이다. 이 의미는 '특별여행주의보'다. '특별한 경우가 생겼으니 여행에 주의하라'는 해석이 가능하다. 이 일대 유럽권역은 전부 빨강 빗금이다.

다시 서두의 필리핀으로 돌아가보자. 검색창에 필리핀을 넣으면 휴양지로 유명한 세부 아래는 전부 적색과 흑색 투성이다. 세부까지는 즐기러 가고 혹시 그 아랫동네로 향한다면 금지니 기억하시라.

인천공항 주차비
75퍼센트 아끼는 1초

그야말로 주차 꼼수다. 인천공항 주차비의 4분의 1 가격이라면 어떤가. 해외 나갈 때 드는 주차비, 만만치 않다. 하루 2만 원대는 기본이다. 열흘이면 20만 원선이다. 가까운 일본 왕복 항공권 값이다. 그런데 이 거품 주차비를 75퍼센트 이상 절약할 수 있는 방법이 있다. 솔깃하지 않은가? 다만 몸이 피곤한 건 각오해야 한다. 인천공항을 가다 말고 '딱 1초'만 고민하면 된다. 1초 고민, 사실 고민거리도 아니다. 몸이 피곤할 것인가, 편할 것인가. 둘 중 하나니까.

> **1초 암기법**
>
> ### 인천공항 주차비 75퍼센트 아끼는 필살기
>
> 운서역 공영주차장(1일 4,000원)
> • 운서역 공영주차장 주차 → 공항철도 운서역 탑승·이동 → 인천공항 도착

인천공항 주차비 아끼는 신공, 간단하다. 공항철도 노선 역 중 하나인 운서역 공영주차장을 이용하면 된다. 이 꼼수는 사실 사설 주차 대행업체 뒤통수를 치는 방법이다. 인천공항 사설 주차 대행업체들이 대거 이용하는 주차장이 놀랍게도 운서역 공영주차장이다. 4층 규모의 이 건물은 전체가 주차 타워다. 버스를 포함해 1,034대가 주차할 수 있다.

이곳 주차 타워는 인천 지역에서 가장 큰 규모다. 쉬쉬하고는 있지만 주차 대행을 하는 5~6개 업체가 이곳 타워를 영업장으로 활용하고 있다. 이유는 간단하다. 1일 주차 요금이 싸다. 인천공항 단기 주차의 경우 요금이 1일 1만 5,000원선인 반면, 이곳 주차 요금은 1일 최대 4,000원이다. 인천공항에 주차를 하는 척하며 고객에게 하루 1만 5,000원씩 받은 후 이곳에 주차하면 1만 1,000원이 남는 셈이다. 특히 이곳 주차장은 각종 요금 할인까지 적용돼 친환경차 등은 50퍼센트 요금 감면을 받는다.

자, 그렇다면 우리는? 간단하다. 이곳에 주차를 하고 공항철도로 인천공항으로 가면 끝이다. 자동으로 1만 1,000원씩 아낄 수 있다. 심지어 운서역도 주차장 바로 옆이다. 차를 주차하고 공항으로 갈 때 그냥 걸어 나와 전철역으로 가면 된다.

운서역만큼이나 꼼수 역으로 인기를 끄는 곳이 또 있다. 영종역 공영주차장이다. 역시나 가격이 파격적으로 싸다. 그러니 몸 좀 피곤하면 어떤가. 하루에 1만 1,000원씩 절약할 수 있다는데.

아, 잊을 뻔했다. 당연히 선의로 이곳 공영주차장을 이용하려는 주민들은 불편을 겪을 수밖에 없다. 장기 주차 차량들이 점령하고 있으니 당연한 이야기다. 구에서도 이 점을 알고 있다. 언제 이 꼼수가 막힐지 모르니 서둘러 이용하시라.

1초의 고민도 필요 없다! 항공권은 일요일

여행 조보나 고수나 할 것 없이 가장 알고 싶어 하는 팁이 있다. 바로 항공권 싸게 사는 법이다. 미국 〈월스트리트저널〉에서 과거 통계를 죽 올려놓고 항공권 가격 결정 요인들을 분석했으니 신뢰할 만하다. 나는 이 공식을 '월스트리트저널 항공권' 공식이라고 명명한다.

> **1초 암기법**
>
> ### 월스트리트저널 항공권 공식
>
> - 순서의 비밀 : '출발지-도착지' 순서만 바꿔도 50퍼센트 아낀다!
> - 요일의 비밀 : 항공권이 가장 싼 요일은 일요일이다!

첫 번째는 얼리버드 공식이다. 미리 끊으면 싸다는 것이다. 기본 중의 기본 공식이다. 고급 단계라면 여기서 좀 더 파고들어야 한다. 고수 영역에서 캐치할 수 있는 비밀은 이거다. 어느 방향으로 비행하는지에 따라 가격이 매번 달라진다는 것이다. 예컨대 로스앤젤레스와 호놀룰루를 오간다고 가정해보자. 흥미로운 건 이게 로스앤젤레스에서 출발하느냐, 호놀룰루에서 출발하느냐에 따라 항공권 가격이 달라진다는 것이다. 호놀룰루에서 출발해 로스앤젤레스로 가는 편이 반대일 때보다 약 7.5퍼센트 싸다. 나라 간 이동이라면 가격 차이는 더 커진다. 뉴욕과 런던 구간을 예로 들어보자. 출발이 뉴욕일 때가 런던일 때보다 무려 50퍼센트나 더 비싸다.

물론 의구심이 들 수밖에 없다. 뉴욕에서 런던으로 간 사람은 거기에 눌러 살 이민자가 아니라면 반드시 다시 런던으로 돌아와야 하기 때문이다. 그런데 이 가격 차이는 분명히 있다. 출발지에 따라 항공권 가격이 달라지는 비밀은 모든 항공사 공통이다. 수요와 공급의 원리 때문이다. 쉽게 말해 수요가 많을수록 당연히 항공권 가격은 오른다. 같은 원리로 항공권을 사려는 여행자가 많은 곳은 당연히 가격이 비싸진다.

이런 일도 있다. 미국 내 호놀룰루, 라스베이거스, 올랜드처럼 레저 시장으로 불리는 곳들은 성수기 휴가 시즌에는 그 지역 거주자들에게 더 싼값에 항공권을 판다. 그곳에 가려는 사람이 많지, 그곳을 떠나는 사람은 상대적으로 적기 때문이다. 핵심은 수요와 공급의 차이인 셈이다.

〈월스트리트저널〉이 공개한 저렴한 항공권 구하는 요일의 비밀도 요긴하다. 이른바 항공권 가격이 싸지는 '요일의 법칙'이다. 이때 요일이라는 건 항공권을 사는 날이다. 결론부터 말하면 가장 싼 항공권을 살 수 있는 날은 일요일이다.

미국의 한 여행 에이전트가 내놓은 통계인데, 지난 19개월간 940억 원에 달하는 국내선과 국제선 왕복 항공권 1억 3,000만 건 중 가장 싼 평균 가격이 432달러선이었고 이게 다 일요일의 마법이라는 것이다. 하루 앞선 토요일 평균 가격은 439달러였다.

가장 비싼 요일은 화요일이었다. 평균 가격은 놀랍게도 497달러에 달했다. 가장 싼 일요일과는 무려 15퍼센트 이상 차이가 난다. 믿거나 말거나 하겠지만 그 이유가 재미있다. 항공사 간부들이 월요일에 출근하자마자 가장 먼저 하는 일이 요금을 올리는 거라고 한다. 그 불똥이 화요일로 튄 셈이다.

1초 방문으로
공짜 시티 투어를 한다고?

　외국 여행을 하다 보면 간혹 이런 일이 있다. 항공편 연결까지 반나절 정도 시간이 남는 경우다. 난감하다. 공항에 있기에는 몸이 근질대고, 진짜 킬링 타임을 해야 할 때다. 이럴 때 요긴한 게 시티 투어 버스 서비스다. 이게 쏠쏠하다. 가장 매력적인 건 공짜라는 것이다. 게다가 진국 여행지만 콕콕 집어 간다. 가장 큰 강점은 공항 근처에서 주로 출발한다는 것이다. 그런데 사람들이 의외로 잘 모른다. 잘만 골라 타면 그 도시의 숨은 대박 여행지를 득템하는 행운까지 누릴 수 있는 알짜 공짜 코스가 시티 투어 버스다.

　지금부터 딱 1초 만에 시티 투어 버스 이용하는 법을 알려주겠다. 인포메이션 센터만 찾으면 끝이다. 그렇다면 어느 공항에서 이런 놀라운 서비스를 제공하는 걸까? 공짜 시티 투어 버스 메카는 카타르 도하, 대만 타이베이, 싱가포르 등지의 주로 경유가 많은 곳이다. 당연히 경유하기까지 남는 시간에 시티 투어 버스로 킬링하면 된다.

　무늬만 시티 투어 아니냐는 사람들을 위해 간략히 일정을 소개하겠다. 가장 먼저 카타르 도하다. '카타르항공'과 카타르 관광청이 공동으로 선보이고 있다. 코로나19 폭격에 잠깐 중단됐다 다시금 오픈할 계획이니 사전에 알아보길 바란다. 한국에서 브라질로 갈 때 카타르항공을 타면 도하를 찍는다. 도하 국제공항 환승 시간이 5시간 이상, 12시간 미만인 여행객이라면 누구나 이용할 수 있다. 방법도 간단하다. 공항 내 위치한 도하 시티 투어 카운터에 신청만 하면 끝이다. 투어 시간은 대략 3시간이며 코스도 기가 막힌다. 도하 시내 랜드마크 여행지만 골라서 돌아보게 된다. 아쉬운 건 매회 선착순(코로나19 이전에는 26명까지)으로 인원 제한이 있다는 것이다. 너무 많으면 비용 감당이 안 될 테니 이해는 간다. 사전 예약도 안 된다. 발 빠르게 발품 팔아야 기회를 잡을 수 있다.

타이베이에도 공짜 시티 투어 버스가 있다. 이름하여 '무료 반일 투어Free Half-day Tour'다. 대만 교통부 관광국이 제공하는 관광 서비스다. 타이베이 관문인 타오위안桃園공항에서 7~24시간 체류 시 공항 입국장 여행자 서비스 센터에 신청하면 된다. 모닝 투어는 오전 8시(제2터미널)와 8시 15분(제1터미널)에 시작한다. 돌아오는 시간은 오후 1시다. 애프터눈 투어는 오후 시간대를 누빈다. 오후 1시 30분(제2터미널)과 1시 45분(제1터미널)에 시작해 오후 6시 30분에 끝난다. 역시 선착순이다. 코로나19 이전에는 매회 18명까지 인원 제한을 뒀으니 필히 미리 알아보길 바란다. 기억할 것이 하나 있다. 버스 내에는 수납공간이 없다. 손가방 외에 모든 짐은 공항 내 수하물 서비스 카운터에 맡겨놓고 여행을 즐기면 된다.

싱가포르 창이공항 역시 공짜 시티 투어 버스 서비스로는 빠지지 않는다. 5시간 이상 머무르는 환승객은 2시간 코스인 '무료 싱가포르 투어Free Singapore Tours'를 이용하면 된다. '헤리티지 투어Heritage Tour'는 오전 9시와 11시 30분, 오후 2시 30분과 4시에 각각 출발한다. 머라이언파크와 함께 차이나타운, 리틀인디아 같은 명물 포인트를 콕콕 집어 돌아본다. 밤 투어도 있다. '시티 라이트 투어City Lights Tour'다. 이건 오후 6시 30분 출발이다.

1초, 딱 한 단어만 쓰면 호텔 웰컴 선물이 공짜

딱 1초만 투자해 영어로 한 단어만 쓰면 된다. 나만 알고 싶은 호텔 꼼수, 웰컴 선물 공짜로 받는 필살기다. 심지어 호텔리어들도 모른다. 무조건 알아두시라.

그까짓 웰컴 선물 공짜로 받는 게 무슨 꿀팁이냐고 말하는 사람들은 주목하시라. 해외 5성급 이상 특급 호텔이나 리조트의 웰컴 선물은 장난이 아니다. 한국에서 10만 원이 넘는 과일 바구니, 와인과 다과 안주뿐만 아니라 명품 브랜드의 한정판 우산과 굿즈 같은 희귀템도 거머쥘 수 있다.

1초 암기법

특급 호텔 웰컴 선물 공짜로 받는 필살기

- 비고란(remark)에 허니문(honeymoon)을 적으라!

실전 적용법은 간단하다. 비고란remark에 딱 한 단어만 적어 넣으면 된다. '허니문honeymoon', 바로 '신혼여행'이다. 인생에서 가장 핵심적인 행사 중 하나인 허니문, 그 꿀맛 같은 하룻밤을 투숙하는 호텔로 우리 호텔을 찍어준 것이다. 사실 호텔 입장에서 보면 대단히 영광스러운 일이다. 그래서 허니문이면 특별한 기억을 남겨준다.

여기서 잠깐, 이미 결혼한 사람들은 어떻게 할까? 여기서부터 뻔뻔해져야 한다. 결혼했어도 적어 넣으시라. 웰컴 선물을 위해 꼼수쯤 발휘해야 한다. 아이와 함께 가는 휴가철 투어라면? 괜찮다. 아이가 있어도 결혼하는 사람들, 해외에는 흔하다. 뭐 어떤가. 결혼 전에 함께 살다 아이를 낳았는데, 늦게 결혼식을 올리고 허니문을 왔다는데 말이다.

허니문 꼼수는 이런 사람들도 써먹을 수 있다. 남자끼리 둘에서 혹은 여자끼리 둘에서 간 사람들이다. 해외에서는 동성 결혼식도 흔하다. 한국에서 논란이 된 잼버리 현장에도 남성, 여성 말고 '그들Them'이라는 제3의 성을 사용하는 사람이 다수였음을 기억하시라. 남자 4명에서 골프 투어라고? 일부다처제 나라고 다처의 처가 남성이라고 우겨도 된다.

역공법편
여행 사기 잡는 '역공법'

역공, '역습'과 같은 의미다. 오히려 뒤집어 공격까지 감행한다. 여행판은 거대하다. 그 거대한 판에 사기 협잡 꼼수가 빠질 수 없다. 이번 역공법은 그래서 중요하다. 뒤통수치는 그 꾼들을 향해 아예 되치기 똥침을 세게 꽂아주는 필살기다. 요긴하다. 하나하나가 그야말로 실전 필살기다. 호갱 만들려는 분위기가 슬슬 감지된다고? 볼 것 없다. 파팟. 바로 찔러주시라.

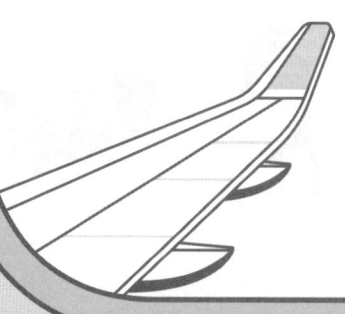

절대 사기 안 당하는
패키지여행 요주의 단어

눈 감으면 코 베어 가는 게 여행 상품이다. "어어" 하다 당한다. 그래서 늘 째려봐야 한다. 특히 노려봐야 할 게 '단어'다. 이 단어, 무심코 넘기면 당한다. 이름하여 꼼수 키워드 3가지다. 이 필살기 하나만 외워둬도 평생 패키지여행 상품 고르다 뒤통수 맞을 일 없다고 장담한다. 그야말로 '필살기'다. 책값은 무조건 버는 패키지 사기 안 당하는 비칙, 무조건 외워두시라.

> **1초 암기법**
>
> ### 패키지여행 요주의 단어 필살기
>
> [암기법] **동현**이와 **연합**하라!
> - 동 : 동급 요주의
> - 현 : 현금 입금 요주의
> - 연합 : 연합 상품 요주의

무슨 뜻일까? 간단하다. 이 단어가 떴다 하면 무조건 째려봐야 하는 요주의 단어라고 보면 된다. 이 단어가 보이면 '아하, 여행사들이 내 뒤통수를 치려는구나'라고 여기면 된다. 요주의 단어 하나하나를 지금부터 파헤쳐주겠다.

① 동 : 동급 요주의

'동현이'의 '동'은 '동급'을 의미한다. 패키지여행 상품을 골랐는데, 설명에 '동급'이라는 단어가 보인다면 무조건 주의해야 한다. 예를 보자. 설명란에 "메리어트 호텔과 동급 호텔에 묵습니다"라는 문구가 보인다면 어떻게 해석해야 할까? 당연히 메리어트 호텔이 아닌 곳에 묵는 것이다. 메리어트 호텔에 묵는 것처럼 꼼수 단어 '동급'을 집어넣은 것이다. 요즘 일본여행 상품에 많은 "3성급 호텔과 동급 호텔에 숙박합니다"라는 문구는 어떨까? 당연히 3성급보다 질이 떨어질 수 있는 호텔에 묵는다는 의미다. '동급'이라는 단어를 발견했다면 아예 반대로 생각하는 게 낫다.

주의사항이 하나 있다. 여행 출발 일주일을 앞두고도 호텔 브랜드가 지정돼 있지 않고 '3성급 동급' 또는 '4성급 동급'에 묵는다는 설명이 있다면 이 상품 역시 요주의다. 현지에서 호텔 예약에 난항을 겪고 있다는 의미다.

② 현 : 현금 입금 요주의

"현금 입금해주시면 30퍼센트 할인해드립니다." 이 문구를 읽고 마음이 동한다면 당신은 99.99999퍼센트 예비 호갱이다. 여행 사기 90퍼센트 이상이 이 유형이다. 특히 큰 금액이 들어가는 단체 예약이나 신혼여행에서 흔히 보이는 꼼수다. '현금 입금=사기'라고 아예 등식화해두는 게 낫다.

연예인, 변호사 심지어 기자까지 연루된 20억 원대의 유럽 여행 예약금 사기 역시 이 유형이었다. 한 개인이 운영하는 여행사가 유럽 항공권을 반값에 준다고 한 후 예약금 형태로 현금 50만 원씩을 입금받았던 경우다. 선입금이라니, 말이 되는가. 당연히 사기다. 그런데 여기에 수십 명의 사회 저명인사들이 넘어갔다.

특히 개인 계좌 입금을 유도하면 100퍼센트 사기라고 보면 된다. 일타 강사 신익수가 워낙 '현금 입금=사기'를 떠들고 다니다 보니 요즘은 법인 계좌를 빌려(개인 계좌 티 안 나게) 유혹하는 경우도 있다. 다시 한번 강조한다. '현금 입금 할인'은 99퍼센트 구라다.

③ 연합 : 연합 상품 요주의

연합 상품도 요주의다. 이런 경우가 있다. 분명히 A여행사 상품을 예약하고 공항에 나갔는데 현장에 B여행사, C여행사, D여행사 고객들이 같이 있는 것이다. 이런 게 연합 상품이다. 연합 상품은 여행객 모집이 안 될 경우 흔하게 나타나는 유형이다. 예컨대 A여행사가 300석 좌석의 유럽행 비행기 한 대를 통으로 빌린다. 그런데 좌석이 안 나가는 것이다. 100석만 팔리고 출발일이 다가온다. 망하기 직전, 주변 여행사에 SOS를 친다. 나머지 200석을 B, C, D 여행사에 나눠 판다.

현지에 가면 주축이 된 A여행사의 가이드가 안내를 한다. 당연히 나머지 B, C, D 여행사의 고객들은 홀대를 받을 수밖에 없다. 요즘에는 아예 연합으로 패키지를 미리 구성해 파는 경우도 있다. 당연히 단독 상품보다 신뢰도나 로열티가 떨어진다. '연합'도 요주의다. 알아두시라.

홈쇼핑 상품,
사기 피하는 마법의 단어 '짜가'

여행사 패키지 상품보다 싼 게 홈쇼핑 패키지여행 상품이다. 파격 할인인데, 심지어 퀄리티까지 좋다. 그런데 여기에 꼼수가 숨어 있다. 당하지 않는 법은 간단하다. 역시 필살기만 외워두면 된다. 암기법도 쉽다. 홈쇼핑 패키지여행 상품을 진짜가 아닌 '짜가'로 만드는 요주의 단어, 그게 '짜가'다.

> **1초 암기법**
>
> ### 홈쇼핑 꼼수 잡는 필살기
>
> [암기법] 마법의 단어 짜가를 외우라!
> - 짜 : 날짜 꼼수
> - 가 : 가이드 팁 불포함

첫 번째 '짜'의 '날짜', 모르면 진짜 호갱 된다. 유형이 부동산 꼼수와 비슷하다. '네이버'에서 부동산을 검색하면 미끼 상품을 쉽게 발견할 수 있다. 30평이 평균 10억 원인 아파트 단지인데, 희한하게 6~7억 원짜리들이 눈에 띈다. 전화를 하면 공인중개사 반응은 이렇다. 방금 전에 그 물건은 나갔고 같은 동에 층수가 높은 올 수리된 집이 있는데, 가격이 8억 원이란다.

그래도 싸다고 한다. 홈쇼핑 패키지여행 상품의 날짜가 이런 미끼다. 극성수기인데, 패키지 상품이 버젓이 판매되고 있다. 그것도 파격 할인가로 말이다. 그래서 바로 전화를 하고 예약을 건다. 홈쇼핑 패키지여행 상품은 보통 해피콜 형태로 진행된다. 바로 예약하는 게 아니라 나중에 리턴콜(해피콜)을 받고 예약을 확정하는 식이다. 그때 여행사 담당 직원이 슬쩍 언급한다. 극성수기 그 날짜만 아쉽게 마감이라 앞뒤로 더 좋은 호텔에 묵는 패키지가 있으니 그것으로 예약하라고.

　날짜 꼼수는 그나마 애교스럽다. 가이드 팁 불포함, 이거 짜증난다. 홈쇼핑 방송을 할 때 '가이드 팁 불포함'이라는 말을 빠르게 흘려버린다. 읽어줄 때도 속사포처럼 지나간다. 요즘 일본 여행이 인기를 끌자 일본 여행 상품에도 가이드 팁 불포함이 디폴트로 들어가니 꼭 알고 있어야 한다. 가이드 팁이 얼마나 대단하길래 그럴까? 배보다 배꼽이 더 큰 경우도 있다면 어떤가. 일본 가이드 팁이 하루 3만 원 정도다. 만약 3박 4일 일정이라면 가이드 팁만 10만 원 정도가 추가로 든다. 3박 4일 일본 패키지여행에 보통 40~50만 원씩 나간다. 그런데 여기에 25퍼센트 정도를 추가로, 그것도 팁으로 줘야 한다면? 뒤통수 된통 맞았다는 생각이 들지 않는가. 피하는 법은 가이드 팁 포함한 가격을 미리 체크하는 수밖에 없다.

폐업하고 사라졌다?
폐업 사기 잡는 '보신증' 공식

진짜 짜증나는 경우가 있다. 여행을 앞두고 아예 여행사가 폐업을 해버린다. 꽤 중견 여행사인 '투어2000' 사태가 그렇다. 별안간 영업 중단을 선언해버린 것이다. 유럽권역 투어라면 4인 가족 기준 1,000만 원 넘는 돈이 허공에 날아간다. 그래서 먹튀 여행사 잡는 필살기를 익혀둬야 한다. 이름하여 '보신증' 공식이다.

> **1초 암기법**
>
> **먹튀 여행사 잡는 공식**
>
> 보신증 공식
> - 보 : 보증보험 가입 여부 확인
> - 신 : 신용카드 결제
> - 증 : 증빙서류 보관

여름 대표 보양식인 보신탕을 떠올리면 쉽다. '탕' 대신 '증'이다. 몸도 마음도 먹튀로부터 달래주는 보양식, 보신증 필살기라는 의미다.

'보신증'의 '보'는 '보증보험 가입 여부'다. 여행사들은 영업난에 대비해 회사가 망했을 때 약정 금액을 보험사가 대신 선지급해주는 보증보험에 가입하고 있다. 예전에는 가입 여부에 대해 여행사 홈페이지 맨 아랫단에서 확인할 수 있었지만 요즘은 없다. 당연히 더 주의해야 한다. 투어2000 영업 중단 사태 때를 보자. 소비자 피해구제용으로 가입한 보험액이 2억 6,500만 원(기획여행 보증보험 2억 원, 여행업 보증보험 6,500만 원)선이다. 당연히 태부족이었던 셈이다. 그러니 단체나 금액이 큰 계약 건이라면 보증보험 가입 여부를 필히 확인해둬야 한다.

'신'은 더 중요하다. '보신증'의 '신'은 '신용카드 결제'라고 외워두시라. 앞서 'PART 1-6'의 '동현이와 연합하라'에서도 익힌 필살기 '현금 입금 = 사기'라는 것과 일맥상통한다. 여행 상품은 무조건 신용카드 결제라고 그냥 머릿속에 박아둬야 한다. 왜? 신용카드로 결제할 경우 문제가 생기면 카드사에 요청해 2주 안에 결제 내용을 철회할 수 있다. 그런데 현금으로 결제하면 보상 과정이 복잡해지고 시간도 길어진다. 심지어 대부분의 메이저 여행사들은 아예 신용카드 결제만 허용하고 있다.

'보신증'의 '증'은 '증빙서류 보관'이다. 투어2000 사태뿐만 아니라 먹튀 여행사들은 사건이 터지면 모르쇠로 일관하기 일쑤다. 향후 분쟁 발생에 대비해 여행 계약서를 비롯해 이메일로 교환한 일정표, 입금증 등을 꼭 보관하고 있어야 한다.

보신증 외에 먹튀 여행사 잡는 부수적인 팁도 알아두자. 수시로 여행사 평판도 체크하는 게 좋다. 유럽권이라면 '유랑', 'ㅅㅅㅅ' 등이 '네이비' 가

페를 통해 수시로 댓글이나 평판, 신뢰도 등을 체크해야 한다. 만약 사고가 터졌다면 '한국소비자원(www.kca.go.kr)' 피해구제 절차나 '한국여행업협회-KATA(www.kata.or.kr)'의 '여행불편처리센터'에 접수를 해야 한다.

오버부킹 뒤통수 때리기! 좌석 공짜 업그레이드 비법

이코노미 클래스를 비즈니스나 퍼스트 클래스로 업그레이드받을 수 있다면? 그래서 간다. 극강의 꿀팁, 업그레이드 비법이다. 이보다 더한 꿀팁은 없다. 가격 차이가 1.5배 이상 나는 비즈니스나 퍼스트 클래스로 좌석을 업그레이드받는데, 공짜라고? 말도 안 되는 이런 일이 놀랍게 가끔씩 일어난다. 심지어 요령도 있다.

> **1초 암기법**
>
> **좌석 무료 업그레이드 필살기**
> - 동남아 인기 노선 오버부킹 좌석을 노리라!
> - 정장을 입으라!

이게 사실 항공사들의 오버부킹(100퍼센트를 넘어 예약을 넘치게 받는 방법) 꼼수의 뒤통수를 노리는 전략이다. 항공사들은 인기 노선의 경우 이코노미 클래스에 한해 100퍼센트 예약이 아니라 110~120퍼센트까지 오버부킹을 받는다. 왜? 예약 취소분을 대비해서다. 물론 이 방법이 효과적일 수 있다. 인기 노선인 만큼 대기 승객들 웨이팅이 터져나간다. 취소분이 나오면 바로 대기 승객들에게 우선적으로 좌석 배정을 할 수 있다.

문제는 취소분이 나오지 않는 경우다. 항공업계 전문용어로는 "배가 터졌다"라는 표현을 사용한다. 이 경우 비상이 걸린다. 어쩔 수 없이 10~20퍼센트 오버해 받은 이노코미 클래스 승객들을 비즈니스나 퍼스트 클래스의 빈 좌석에 실어와야 한다. 바로 이 지점이다. 이걸 역이용해 뒤통수를 치는 전략이 좌석 무료 업그레이드 꿀팁이다.

그렇다면 실전 적용은 어떻게 할까? 딱 정해주겠다. 괌이나 사이판처럼 인기 휴양지의 경우 같은 브랜드의 메이저 국적기가 2시간 간격을 두고 두 번씩 운행된다. 물론 코로나19 사태로 항공 노선이 회복되지 않은 시기는 다르다. 항공편 공급이 완전 회복된 경우를 말한다. 예컨대 괌과 사이판으로 가는 노선이고 밤 6시와 10시에 각각 출발한다고 가정해보자. 이때 무조건 뒤편, 즉 밤 10시 항공편의 이코노미 클래스를 찜한다. 그런 다음 마치 앞 항공편, 즉 밤 6시의 항공편을 타고 가듯 오후 4시쯤 공항으로 간다. 그런 다음 마치 앞 항공편의 좌석을 탈 것처럼 체크인 카운터로 가서 직원이 슬쩍 물어본다. "혹시 앞 항공편 타고 가실래요?" 이러면 십중팔구 업그레이드 성공이다. 앞 항공편에 여유가 있는 비즈니스나 퍼스트 클래스 좌석을 우선적으로 주고 예약을 풀로 받은 뒤쪽 항공편 이코노미 클래스 하나를 확보하려는 심산이다.

이때 업그레이드 확률을 2배로 더 높이는 비결이 하나 더 있다. 정장을 입고 가는 것이다. 휴양지의 경우 대부분 바다를 끼고 있는 해변가라 옷차림이 캐주얼할 수밖에 없다. 슬리퍼에 반바지 차림의 여행족을 비즈니스나 퍼스트 클래스 좌석에 앉히는 것보다 정장을 입은 고객을 앉히는 게 원래 프리미엄석을 제 돈 주고 차지한 고객들의 눈치를 덜 받을 수 있기 때문이다. 말도 안 된다고? 항공사 임원급 직원에게 특별히 들은 비법 중의 비법이니 무조건 써먹을 것. 항공사 직원들의 전언에 따르면 성공 확률이 80퍼센트 이상이라고 한다.

할인법편
돈 버는 여행의 기술 '짠내 나는 할인법'

할인법편이다. 이거 잘만 하면 수백만 원은 기본으로 건진다. 알면 써먹을 수 있지만 모르면 그냥 넘어가게 된다. 그러니 눈 크게 뜨고 째려보시라. 5만 원짜리 여권을 1만 5,000원에 발급받는 특급 여권 발급법부터 '시팔놈아(로마)' 욕을 떠올리면 전체 항공권 값의 20퍼센트를 굳힐 수 있는 경유 필살기까지 각종 신공들이 변화무쌍하게 펼쳐진다. 초강력 필살기, 반값 항공권 티케팅 비법도 등장한다. 여기에 망라된 비법, 여행 고수들도 모른다. 감히 장담한다. 자유자재로 할인법 필살기만 쓸 수 있어도 이 책값의 10배, 20배 이상은 건진다.

5만 원 짜리를 1만 5,000원에?
여권 할인법

 까짓것 통 크게 쏜다. 이번에는 모든 독자분들의 여권 발급 비용을 3,000원씩 할인해주겠다. 이거 진짜 꿀팁이다. 의외로 잘 모르는데, 간단하다. 여권 발급 창구에서 마법의 한 문장만 읊으면 된다. "알뜰여권으로 할게요."

> **1초 암기법**
>
> **여권 발급 3,000원 할인받는 필살기**
> - 알뜰여권으로 발급받으라!
> ★ 알뜰여권 : 여권 사증 면수가 일반여권의 절반 수준인 얇은 여권

 일반여권 발급 비용보다 3,000원 싼 '알뜰여권'이 있다. 알뜰여권? 여권이면 여권이지 앞에 '알뜰'은 뭐냐고? 외교부에서 정식 발급하는 여권에 입국 도장을 받는 사증 면수를 줄인 권종이다. 요즘 나오는 일반여권은 사증 면수 58면에 발급 비용은 5만 3,000원이다. 아무리 해외를 많이 다닌다고 해도 58면을 채우려면 평생 걸린다. 그래서 아예 사증란의 종이 면수를 줄이고 3,000원 깎아주는 게 알뜰여권이다. 알뜰여권의 사증 면수는 일반

여권의 절반 수준인 26면이다. 종잇값이 줄어든 대신 발급 비용에서 3,000원을 깎아주는 셈이다.

  3,000원으로 성이 안 찬다는 사람들은 주목하시라. 5만 원대가 아니라 단돈 1만 5,000원, 무려 70퍼센트 수준의 떨이로 여권을 발급받는 놀라운 꿀팁도 공개한다. 그런데 아쉽게도 이건 선착순이다. 어떻게 발급받을까? 역시나 간단하다. 2022년부터 대한민국 여권의 표지가 녹색에서 남색으로 바뀌었다. 당연히 누구나 새 표지인 남색을 갖고 싶을 터다. 이걸 참아내고 남색이 아닌 기존 녹색으로 발급받으면 된다. 녹색으로 발급할 경우 여권 면수는 24면이다. 알뜰여권보다도 2면이 적다. 발급 비용이 더 놀랍다. 단돈 1만 5,000원이다. 유효기간은 4년 11개월이고 방문 수령만 가능하다. 다만 선착순이고 재고가 소진되면 끝난다. 무려 70퍼센트 떨이 가격을 원한다면 서두르시라.

  여권 갱신을 위한 잔여 유효기간이 있다. 여권 만료 몇 개월 전에 갱신을 해야 할까? 정답은 6개월 전이다. 물론 입국하는 나라에 따라 1~2개월 정도는 유연하게 적용하는 곳도 있다. 대부분 나라에서 만료 6개월 전 여권까지 유효하게 인정해준다. 그러니 외우고 계시라. 잔여 여권 유효기간은 딱 6개월이다.

5만 원 절약하는 이중환전법

외국 돈으로 바꾸는 환전, 가랑비에 옷 젖는 줄 모른다는 말이 있다. 환전에 딱 들어맞는 말이다. 이거 우습게 보다 큰코다친다. 100만 원을 환전할 경우 5만 원 이상은 건질 수 있다. 지금부터 마법의 환전 비법을 알려주겠다.

> **1초 암기법**
>
> ### 마법의 환전 비법
>
> **거리 반비례 법칙**
> - 인천공항과 거리가 멀수록 환전 수수료가 싸다(=회사나 집 근처 주거래 은행이 가장 싸다)!
>
> **이중환전법**
> - 두 번 바꾸는 이중환전이라는 방식을 사용한다. 동남아 나라는 달러화로 1차 환전 후 해당 나라에 입국해 한 번 더 현지 화폐로 환전한다!
>
> ★ 엔데믹 뉴노멀 꿀팁 : 달러화 환전도 귀찮다면 우리 돈 5만 원짜리 들고 가라!

기본 공식과 응용 공식이 있다. 먼저 기본 공식 '주동미사'다. '주'는 '주거래 은행'을 의미한다. 자신의 월급이 꽂히는 주거래 은행의 환전 수수료가 가장 싸다. '동'은 '동전'을 의미한다. 동전 환전이 수수료가 싸다. 단점이 있다면 환전한 동전을 쓸 수 있는 나라가 한정적이라는 점이다. 동전의 화폐단위가 큰 유럽권과 일본 정도니 현실 응용에는 무리가 있다. 그래도 외우는 두자. '미'는 '미리 할수록 수수료가 싸다'는 것이다. 이 역시 그때그때 다를 수 있으니 적용에는 한계가 있다. 마지막 '사'는 '사이버 환전'을 의미한다. 현장 환전보다 사이버(온라인) 환전이 싸다는 건데, 역시나 논란 지점이 있다. 사설 환전소의 수수료가 더 쌀 수 있기 때문이다.

그래서 주동미사는 기본 공식으로 알아만 두자. 우리가 외워둬야 할 건 응용 공식이다. 실전에 바로 써먹을 수 있으니 외워두자. 응용 공식 첫 번째는 '거리 반비례 법칙'이다. 이때 기준이 되는 거리는 해외로 떠나는 해외여행 출발지인 인천공항이다. 인천공항과 거리가 멀수록 환전 수수료가 싸진다는 법칙이다. 다시 말해 귀찮다고 인천공항에서 환전을 하면 가장 비싼 수수료를 물게 된다는 의미다. 그러니 환전은 미리 해야 한다. 인천공항과 거리가 가장 먼 자신의 집 주변이나 회사 주변 주거래 은행에서다. 우리나라 돈을 다른 나라 돈으로 교환하는 환전을 할 때는 수수료(바꾸는 비용)가 나온다. 주거래 은행은 통상 우대 수수료를 적용해준다. 100만 원 정도 바꾼다고 가정하면 4~5만 원 정도 수수료를 빼준다고 보면 된다. 이거 꽤 크다.

응용 공식 두 번째는 '이중환전법'이다. 동남아 나라로 여행 갈 때 써먹어야 하는 공식이다. 적용법은 쉽다. '이중'이라는 단어에서처럼 두 번 바꾸면 된다. 귀차니즘에 빠진 한국 여행족, 예컨대 태국으로 여행을 가면 은행에 들러 바로 태국 화폐인 밧화로 교환해 간다. 이때 적용되는 수수료는 '따블'이다. 한국에서 밧화로 바꾸면 이중 과정을 거친다. '원화→달러화→밧화'의 교환 과정이다. 달러화로 바꿀 때 한 번, 밧화로 바꿀 때 또 한 번 환전 수수료가 적용된다. 이중환전법은 이 지점을 노린다. 쉽게 말해 두 번 바꾼다고 보면 된다. 1차로 한국에서 달러화로 바꾼다. 그리고 현지에 가서 가져간 달러화를 한 번 더 현지 통화로 교환하는 것이다. 동남아 나라 통화는 유통 물량이 적다. 그러니 한국에서의 환전 수수료율은 4~12퍼센트로 높은 수준이다. 환전할 때 할인율 역시 달러화가 높다. 50만 원을 베트남 화폐로 환전할 경우 한국에서 하면 약 888만 동VND이다. 하지만 달러화로 바꾼 후 현지에서 베트남 화폐로 바꾸는 이중환전을 하면 약 972만 동으로 환전할 수 있다.

팬데믹이 종료된 지금, 새롭게 등장한 뉴노멀 환전 꿀팁이 있다. 대한민국 원화의 파워가 강해졌다. 한국인이 많이 가는 베트남 등 휴양지에서는 놀랍게도 우리나라 5만 원짜리도 달러화처럼 편하게 환전할 수 있다. 수수료도 엇비슷한 수준이다. 달러화 환전이다, 이중환전이다, 뭐다 다 귀찮다면 그냥 5만 원짜리 들고 나가시라. 알아야 편해지는 게 여행이다. 외워두고 써먹으시라.

패키지여행 10만 원 싸게 가는 '일화' 공식

여행 무림의 고수와 일반인의 차이는 그야말로 '한끝'이다. 똑같은 패키지여행의 출발일만 살짝 바꾸면 그 자리에서 10만 원이 싸진다는 사실, 알고 있는가. 진짜 나만 알고 싶은 여행 강호 최고의 필살기다. 패키지여행, 무조건 10만 원 이상 아끼는 '일화' 공식이다.

> **1초 암기법**
>
> **패키지여행 반값 공식**
>
> 일화 공식
> - 동남아 패키지여행 출발일을 일요일에서 화요일 사이로 바꾸라!

한마디로 '요일 필살기'다. 다만 전제 조건 2가지가 있다. 항공권 예약이 아닌 패키지여행에 한한다는 것, 그리고 동남아 패키지여행에 써먹는다는 것이다. 실전 적용법은? 여행 출발 요일을 '일화', 즉 일요일과 화요일 사이로만 바꾸면 끝이다. 얼마나 간단한가. 효능은 그야말로 꿀이다. 수요일 출발 3박 4일 패턴의 태국 여행을 동일한 일정, 동일한 패키지여행의 화요일 출발로 하루 앞당기는데 가격이 50만 원대에서 40만 원대로 10만 원 이상 줄어든다.

　말이 되냐고? 된다. 굳이 원리까지 알고 싶은 사람들을 위해 간단히 설명해주겠다. 여행 상품 가격은 고정값이 아니므로 등락이 있다. 크게는 월月, 미세하게는 일日, 그러니까 요일 단위로 가격이 요동친다. 일주일, 즉 '월-화-수-목-금-토-일' 사이에도 매일 변하는 게 패키지여행 가격인 셈이다.

　그렇다면 왜 일요일에서 화요일 사이에는 가격이 낮아질까? 수요와 공급의 경제 법칙을 떠올리면 된다. 일화 공식 전제 조건 2가지를 떠올려보자. 패키지여행에 동남아 코스다. 대부분 동남아 휴양지 상품은 3박 4일 또는 3박 5일 패턴이다. 예약할 때 누구나 수요일쯤 출발해 주말에 도착하고, 월요일에는 기분 좋게 회사에 출근하는 일정을 원한다. 수요가 몰리면 가격이 오르는 법이다. 당연히 수요일과 목요일 출발이 가장 비쌀 수밖에 없다. 반대로 일화 공식에 해당하는 '일-월-화' 출발은 싸진다. 그러니 이 공식의 핵심은 다시 한번 강조하지만 출발하는 '요일'이다. 요일만 잘 찍어도 동남아 해외여행의 경우 10만 원 이상 비용을 절감할 수 있다.

　그래도 믿기지 않는다고? 그럴 줄 알았다. 예시를 보자. '네이버'에서 검색한 방콕 파타야 3박 5일 일정 패키지여행 상품 2가지가 있다. 같은 여행사 상품에다 일정도 거의 비슷하다. 그런데 가격을 보면 기가 막힌다. 45만 9,000원과 62만 9,000원이다. 17만 원 차이는 어디서 나오는 걸까? 두 패키지여행 상품의 출발 요일을 보자. 62만 원대 상품은 출발 요일이 수요일이고, 45만 원대 상품은 출발 요일이 일요일이다. 일화 공식에 딱 걸린다. 그러니 예약할 때는 45만 원대 패키지다. 17만 원은 먹고 간다.

항공권 싸게 사는 '화목' 공식

이번에는 항공권 싸게 사는 필살기다. 앞선 '일화' 공식(패키지여행용)과 헷갈릴 수 있으니 먼저 딱 구분해서 환기부터 해주겠다.

> **1초 암기법**
>
> ### 항공권 싸게 사는 공식
>
> **항공권 할인**
> • 화목 공식 : 화요일 출발-목요일 귀국 일정
>
> **패키지여행 할인**
> • 일화 공식 : 동남아 패키지여행(3~5박 패턴) 출발일은 일요일-화요일 사이

써먹는 대상별로 공식이 달라진다. 패키지여행에는 일화 공식, 항공권에는 '화목' 공식이다. 이참에 '패키지' 의미도 제대로 알고 가자. 패키지여행은 항공권, 호텔, 여행 일정까지 다 포함된 상품이다. 항공권은 그야말로 '항공권만'이다. 그러니 일화 공식과 헷갈리지 말길 바란다.

이 필살기, 꽤 유용하다. 심지어 성수기에도 써먹을 수 있으니 외워두자. 코로나19 사태 직전 '스카이스캐너'의 빅데이터 수억 건을 다 돌려 내놓은 치트키다. 심지어 해외여행족 위주의 글로벌 전체 빅데이터가 아닌 한국인들의 여행 패턴(2016년 1월부터 2019년 6월 말까지 3년 6개월간 한국인 여행객에게 인기 있는 여행지 상위 20곳의 검색 데이터)에 대한 예약 빅데이터를 분석한 결과니 신뢰해도 좋다. 핵심은 역시나 '요일'이다. 보통 해외로 나갈 때는 항공권을 편도가 아닌 왕복으로 산다. 묘하게 특정 요일에 출발과 도착을 지정하면 항공권이 싸진다. 역시나 요일의 마법인 셈이다.

첫 번째 공식은 '화목' 공식이다. 풀어 쓰면 '화요일 출국-목요일 귀국' 일정이다. 같은 노선이라도 화요일에 출발해 목요일에 도착하는 일정의 항공권 가격은 해당 노선의 평균 가격보다 무려 12퍼센트가량 싸다.

두 번째 공식은 '수수' 공식이다. 스카이스캐너 분석 결과 '수요일 출국-수요일 귀국' 일정 노선은 평균 가격보다 11퍼센트가량 싸다. 나의 책을 보고 모두가 화목 공식을 써먹어 이 일정의 항공권이 매진이라면 차선이 수수라는 의미다. 암기법을 조금 더 외우기 쉽게 알려주자면 항공권은 '화목'하게, '수수'하게 끊으면 된다.

수수마저 일정이 애매하다면 세 번째 '월목' 공식을 써먹으면 된다. '월요일 출국-목요일 귀국' 일정 노선의 항공권 가격은 평균 가격 대비 10퍼센트가량 싸다.

순서대로 '화목-수수-월목' 공식을 이용하면 각각 약 12, 11, 10퍼센트

씩 싸지는 셈이다. 말이 되냐고? 그래서 예시를 들어주겠다. 실제 코로나19 직전인 2019년 상황이다. 심지어 극성수기 8월의 데이터다. 스카이스캐너 검색 결과, 당시 한국인에게 인기 있는 휴양지 중 으뜸으로 꼽혔던 베트남 다낭(7월 29일 검색 기준 왕복 항공권)은 8월 6일 화요일에 출국해 15일 목요일에 귀국하는 항공권 가격(38만 8,498원)이 8월 9일 금요일에 출국해 18일 일요일에 귀국하는 항공권 가격(44만 1,498원)보다 12퍼센트가량 낮았다.

여기서 심화 학습으로 복습 하나 하고 가자. 위 예시에서 만약 항공권 티케팅이 아니라 패키지여행 상품이었다면? 볼 것 없다. 베트남 다낭이면 동남아 패키지여행에 딱 걸린다. 그럼 뭐라고? 일화 공식 적용이다. 출발일만 일요일에서 화요일 사이로 바꿔주면 동일 조건과 일정의 패키지여행 상품 가격이 놀랍게도 10만 원 이상 싸진다.

항공권 반값에 사는 경유의 마법

말도 안 된다고? 너무 간 거 아니냐고? 항공권을 반값에 사다니. 그런데 말이 된다. 진짜 놀랍게도 최대 40퍼센트 넘는 할인율을 건질 수 있다. 그게 경유 신공이다. 무협에서 볼 법한 탄지 신공(손가락으로 돌이나 무기를 튕기는 기술)을 떠올리면 쉽다. 탄지 신공처럼 '탁' 한 곳(경유지)을 더 쏘면 반값으로 툭 떨어지니 말 다했다.

경유 개념부터 알고가자. A(출발지)와 C(도착지) 사이에 B(경유지)를 한 곳 더 찍고 가는 식이다. 당연히 시간은 더 걸리고 몸도 피곤하다. 그런데 왜? 항공권 가격이 싸지니 기어이 활용해봄직한 방식이다.

> **1초 암기법**
>
> ## 항공권 반값에 사는 경유 필살기
>
> **[암기법] 미중·유럽**
> - 미중 : 미국 갈 때는 중국을 찍고 가면 반값!
> - 유럽 : 유럽 갈 때는 러(럽)시아 찍고 가면 반값!

이거 기가 막힌다. 놀랍게도 반값 항공권이 가능하다. 심지어 성수기 때도 써먹을 수 있다. 몸이 조금 피곤하면 어떤가. 반값이라는데. 경유의 핵심은 찍고 가는 곳(B)이다. 어디를 찍고 가느냐(경유)에 따라 항공권 가격이 요동을 친다. 이 경유 신공을 만들어낸 곳은 항공권 가격 비교 사이트 '스카이스캐너'다. 역시나 한국인이 가장 많이 검색한 여행지 경로와 항공권 가격을 분석한 결과니 신뢰해도 좋다.

먼저 미국이다. A가 한국(인천공항)이고 C가 미국인 경우다. 이때 B로 어디를 찍고 가면 가장 쌀까? 정답은 중국이다. 암기법도 쉽다. 요즘 미국과 중국의 무역 분쟁이 한창이다. 이걸 연상해 '미중'으로 외워두면 된다. 미국 갈 때는 중국을 찍으라는 의미다. 그렇다면 얼마나 싸질까? 결론부터 말하면 46퍼센트다. 진짜 반값으로 뚝 떨어진다. 참고로 스카이스캐너 경유 빅데이터 결과를 소개해주겠다. 미국 뉴욕은 최대 46퍼센트, 샌프란시스코는 최대 35퍼센트까지 항공권이 싸진다. 로스앤젤레스 역시 34퍼센트 싸게 살 수 있다. 이 정도 할인율이면 몸 좀 피곤해도 한 번쯤 경유를 이용해봄직하다.

다음은 유럽이다. 요즘 장거리를 노리는 사람이 많다. 유럽에 갈 때는 어디(B)를 찍고 갈까? 정답은 러시아다. 러시아 모스크바 셰레메티예보 국제공항이 핵심이다. 얼마나 싸질까? 믿기지 않겠지만 최대 39퍼센트다. 한국인이 많이 가는 스페인 바르셀로나가 목적지일 때 러시아 셰레메티예보 국제공항을 거치면 최대 39퍼센트까지 할인된다. 체코나 프라하 등 동유럽으로 갈 때도 러시아를 거치면 23퍼센트가 싸진다. 예외인 경우도 있다. 네덜란드 암스테르담은 러시아가 아니라 중국을 경유할 때 35퍼센트 최대 폭으로 항공권 비용을 줄일 수 있다. 그런데 주의사항 있다. 당연히 러시아-우크라이나 전쟁 중인 상황에서는 경유가 불가능할 수도 있다. 추후 긴장 관계가 완화된 후에 이용하길 바란다.

물론 이런 사람들도 있을 수 있다. 비행시간이 길어지는 것이 정말 싫다는 사람들이다. 하지만 경유지 시간 배정만 잘 한다면 항공권 비용도 줄이고 두 나라를 한 번에 여행할 수 있는 '콤보 투어(경유 활용)'도 가능하다.

20퍼센트는 무조건 싸다!
'시팔로마(시파로모)' 공식

검색을 하면 아마 가장 많은 꿀팁으로 뜨는 게 항공권 가격 줄이는 비법일 것이다. 물론 거기서 거기다. 다 볼 필요도 외울 가치도 없다. 하지만 딱 하나 꼭 외워둬야 할 강렬한 꿀팁이 있다. 이름하여 코드셰어 신공이다. 의외로 모르는 사람이 많다. 의미부터 알아두자. '코드셰어Codeshare Agreement, 공동운항협정', 그러니까 코드(항공사별 비행기가 다니는 길)를 나눠 사용하는 비행기를 타면 항공권 가격을 줄일 수 있다는 의미다.

> **1초 암기법**
>
> ## 20퍼센트는 무조건 싸지는 코드쉐어 공식
>
> **시팔로마(시파로모) 공식**
> - 코드쉐어편을 이용하면 항공권이 싸지는 나라 : 시(시드니)+팔(파리)+로(로마)+마(모스크바)

예컨대 이런 거다. 한국에서 프랑스로 가려고 '대한항공'을 예약했는데, 막상 비행기를 타니 '에어프랑스'인 경우가 있다. 이런 게 코드셰어편이다. 무조건 싸다. 할인 폭이 최대로 클 때는 20퍼센트 이상 되는 구간도 있다. 물론 아킬레스건은 있다. 한국인 승무원이 없을 수도 있다는 점이다. 하지만 괜찮다. 싸다는데, 그 정도 불편함은 감수해야 한다.

개념을 알았다면 지금부터는 심화 단계다. 코드셰어 항공권 구입 실전 요령편이다. 이거 하나만 기억하면 된다. 티케팅 때 코드셰어 외항사 것을 우선해 구입하는 것이다(외항사가 싸다는 건 여행의 정석 같은 개념으로, 우리나라에서 출발하는 항공편은 같은 구간이면 대한항공이나 아시아나항공보다 외국 국적의 항공편이 싸다). 쉽게 예를 들어주겠다. 역시나 한국에서 출발해 프랑스로 간다면 출발할 때는 에어프랑스를 통해 항공권을 사되 대한항공 비행기가 뜨는 스케줄로 예약하는 것이다. 당연히 에어프랑스 항공권이 외항사라 싸다. 프랑스에서 돌아올 때는 딱 반대로 하면 된다. 에어프랑스가 현지 국적기가 되는 만큼 프랑스에서는 외항사가 되는 대한항공 창구로 가서 코드셰어 항공편을 이용해 한국으로 컴백하면 된다.

사실 이런 코드셰어 구간은 의외로 많다. 대한항공은 현재 40여 개 항공사 800개가 넘는 노선에 코드셰어를 적용하고 있다. '아시아나항공'도 마찬가지다. 30여 개 항공사와 계약을 맺고 코드셰어를 적용 중이다.

그렇다면 어떻게 적용할까? 코드셰어로 가면 싸지는 나라들을 그냥 외워두면 된다. 필살기로 내가 만든 코드셰어 적용 나라 공식 '시팔로마'다.

어째 어감이 이상하다고? 맞는다. 그 욕지거리 떠올리며 외워두시라. '시팔 로마(시드니, 파리, 로마, 모스크바)'다. 좀 유치하면 어떤가. 결정적일 때 한방으로 수십만 원씩 절약할 수 있는데.

항공권이 싸지는 마법의 요일, '국화'와 '항일' 공식

이 필살기도 강력한 한방이다. 항공권이 싸지는 마법의 요일 공식이다. 믿기지 않겠지만 그런 요일이 있다. 그 요일에만 티케팅을 해도 항공권 가격이 싸진다.

> **1초 암기법**
>
> **항공권이 싸지는 마법의 요일 공식**
>
> 국화·항일 공식
> - 국화 공식 : 국내 항공권은 화요일 출발이 가장 싸다!
> - 항일 공식 : 해외 항공권은 일요일에 사는 게 가장 싸다!

① 국화 공식

'국화' 공식부터 마스터하자. '국'은 '국내 항공권', '화'는 '화요일'이다. 정리하면 '국내 항공권은 화요일 출발이 가장 싸다'는 의미다. 국내 여행족들이 많이 활용하는 'KAYAK'이 국내 항공권 검색 데이터를 종합 분석한 결과다. 3개월 동안(2020년 11월 1일부터 2021년 1월 31일까지)의 예약 데이터를 종합한 결과, 출발 항공권의 경우 가장 쌌던 요일은 화요일이고, 가장 비쌌던 요일은 주말이 시작되는 금요일이었던 것으로 조사됐다. 도착 항공권의 경우 화요일과 수요일이 가장 싼 것으로 분석됐다. 항공권 검색량 분석 결과도 엇비슷하다. 금요일 검색량이 가장 많은 반면, 수요일 검색량은 가장 적었다.

당연히 최고의 인기 지역 제주도로 갈 때도 화요일만큼은 기억해야 한다. KAYAK이 서울-제주 노선을 각각 편도로 분석한 결과, 서울발 제주행 항공권은 주 초반인 월요일과 화요일이 가장 쌌고 제주발 서울행 항공권은 목요일이 가장 최저가로 집계됐다. 특히 서울-제주 노선을 숙박 일수별로 분석했을 때는 통상 2박 일정이 가장 싼 것으로 나타났다. 합리적인 가격으로 제주도 여행을 준비하고 있다면 '화출목도(화요일 출발-목요일 도착)' 공식도 기억해두자.

② 항일 공식

지금부터는 고급 단계다. 항공권이 싸지는 마법의 요일 해외편이다. 해외 항공권의 요일별 가격은 〈월스트리트저널〉이 빅데이터를 활용해 분석한 자료가 있다. 이 자료에 따르면 가장 싼 항공권을 살 수 있는 요일은 놀랍게도 일요일이다. 〈월스트리트저널〉이 미국 내 지난 19개월간 940억 원에 달하는 국내선과 국제선 왕복 항공권 1억 3,000만 건을 분석한 결과인데, 전 세계 통용으로 봐도 무방하다. 외우기 쉽게 '항일' 공식으로 암기해 두길 바란다. '항'은 '항공권', '일'은 '일요일'이다.

결과를 보면 가장 싼 평균 가격이 432달러선이다. 이게 다 일요일의 마법이다. 하루 앞선 토요일의 평균 가격은 439달러다. 반대로 가장 비싼 요일은 화요일이다. 화요일 항공권의 평균 가격은 497달러로, 가장 싼 일요일과는 무려 15퍼센트 이상 차이가 난다.

절약법편
시간을 절약하는 인천공항 '총알 출국법'

시간이 돈이다. 여행에서는 특히 그렇다. 그래서 중요한 게 시간 절약법, 이름하여 축지법 신공이다. 물리적 거리를 팍 줄여준다. "어어" 하다 비행기까지 놓쳐버리면 손해가 막심하다. 웨이팅 작살인 가방 검색대를 '딱 1분' 만에 통과하는 '77' 공식 필살기와 수하물을 총알처럼 빨리 받는 '선입후출' 공식은 어디에서도 볼 수 없는 비기秘技다. 여행자보험 특약 필살기 '여보~ 휴지' 공식도 꼭 외워두시라. 피가 되고 살이 될지니.

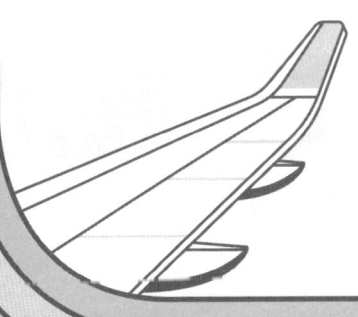

인천공항 초고속으로 통과하는 '아오대이'와 '77' 공식

해외여행 때마다 겪는 골칫거리 하나가 있다. 출국장의 긴 웨이팅 줄이다. 성수기 때는 이게 사람 잡는다. 체크인하는 데까지 줄을 서서 30분 이상 기다리기도 한다. 이럴 때 요긴한 팁이 신속 출국법이 있다. 당연히 요령이 있다. '인천공항 도착-체크인 카운터-출국장 검색대-여권 검사·비행기 탑승장'까지 차례로 써먹는 공식이니 외워두시라.

> **1초 암기법**
>
> ### 인천공항 초고속 통과 공식
>
> **아오대이·77 공식**
> - 아오대이 공식 : 아시아나항공은 오른쪽, 대한항공은 2(이)터미널
> - 77 공식 : 만 7세 이하, 만 70세 이상은 검색대 신속 통과

① [인천공항 도착] 아오대이 공식

우선 알아둬야 할 공식은 '아오대이' 공식이다. 교통편을 타고 인천공항에 도착했을 때 써먹는 항공사 게이트 공식이다. '아오'는 '아시아나항공은 오른쪽(A카운터)'이라는 의미다. 인천공항을 바라보고 맨 오른쪽에서 내리

면 된다. 잘못 알고 왼쪽까지 가면 끝장이다. 인천공항 카운터 끝에서 끝까지 거리는 무려 1킬로미터다. 착각해서 반대 카운터로 갔다가 다시 돌아가려면 10분은 잡아야 한다. 그럼 '대이'는 뭘까? '대한항공은 2(이)터미널'이라는 의미다. 1터미널로 가면 다시 2터미널로 돌아가는 데만 하세월이다.

② [체크인 카운터] 패스트트랙 77 공식

체크인 카운터에서 써먹는 필살기다. 체크인할 때 '칠칠'맞게 이거 모르면 안 된다. 줄 설 필요가 없는 패스트트랙 공식은 '77'이다. 77은 체크인 줄 안 서고 신속 처리가 되는 사람들에 대한 연령대다. 앞의 '7'은 '만 7세 이하' 유소아일 경우 긴 줄을 서 있을 필요가 없다. 당당하게 앞으로 애를 데리고 가서 그냥 끊으면 된다. 그러면 패스트트랙 카드를 덤으로 준다. 이건 다음 단계인 검색대 신속 통과 카드다. 일반인들이 이용하는 2~5번 출국장 검색대가 아닌 1번과 6번 검색대를 통해 마치 승무원처럼 신속하게 가방과 여권 검사를 통과할 수 있다. 뒤의 '7'은 '만 70세 이상' 고령자다. 임산부(임산부 수첩 확인)와 병약 승객도 패스트트랙 대상이다.

③ [출국장 검색대] 검색의 마술

다음은 가방 검색대 신속 통과법이다. 이거 만만치 않다. 성수기 때는 가방 검색대에서 웨이팅만 30여 분 이상 걸린다. 검색의 마술 신공은 이런 때 펼쳐야 한다. '네이버' 검색창에 '인천공항 혼잡도', '인천공항 출국장 혼잡도'만 치면 끝이다. 시간대별로 2~5번 검색대의 혼잡도를 웨이팅 숫자까지 정확히 보여준다. 가장 숫자가 적은 곳으로 뛰어가면 된다.

④ [여권 검사·비행기 탑승장] 여권 검사 하이패스 신공

체크인을 하고 나면 마지막 단계가 출국장 여권 검사다. 사실 이것도 붐빌 때는 제법 시간이 걸린다. 원래 신속 여권 검사 공식은 여성 그룹 SES와 같은 'SES' 공식이다. 법무부의 출국 심사 때 '스마트 엔트리 시스템 Smart Entry System'으로 미리 지문 등록을 해두면 바로 통과할 수 있는 방식이다.

여기서 잠깐, 법무부 출국 심사와 달리 항공사의 비행기에 탑승할 때도 여권을 일일이 꺼내야 했는데, 이 번거로움을 없앤 안면 인식 '스마트 패스'도 써먹으면 좋다. 엔데믹 시대인 2023년에 등장한 신상 시스템이다. 인천공항 출국장 6곳, 탑승구 16곳에 적용돼 있다. 항공사는 '대한항공'과 '아시아나항공'을 비롯해 '제주항공', '진에어', '티웨이항공', '델타항공' 등 총 6곳에서 활용할 수 있다. 안면 인식 정보 등록은 '인천공항 스마트패스 ICN SMARTPASS' 애플리케이션이나 공항 셀프 체크인 키오스크에서 서비스 이용 30분 전까지 가능하다. 첫 등록일로부터 5년간 이용할 수 있다.

50만 원 버는 여행자보험 필살기 '여보~ 휴지' 공식

인천공항에서 출국 직전이다. 아뿔싸! 깜박하고 여행자보험 가입을 안 했다. 일단 공항에서는 처리해야 한다. 판매처도 많다. 어떤 걸 고르지? 여행 고수도 잘 모르는 여행자보험 가입이다. 종류도 많고 특약도 줄줄이다. 이 고민을 한방에 해결하는 족집게 공식이 있다. 심지어 이것만 잘 써먹어도 50만 원은 그냥 번다. 이름하여 '여보~ 휴지' 공식이다. 연상법을 적용하면 외우기 쉽다. 자, 머릿속에 그릴 상황이다. 집에서 화장실에 앉아 볼일을 보는데, 어라? 휴지가 없다. 아내(여보)를 불러야 한다. 목에 힘을 주고 외친다. "여보~ 휴지."

> **1초 암기법**
>
> **50만 원 버는 여행자보험 가입 공식**
>
> 여보~ 휴지 공식
> - 여행자보험은 휴대품 손해보상 특약과 지연보상 특약에 가입하라!

유치해 보여도 이 공식, 강력하다. 단어 하나하나 적용법을 뜯어보자. '여보'는 '여행자보험'을, '휴지'는 특약에 반드시 가입해야 하는 항목이다.

그러니까 여행자보험에 가입할 때 꼭 고려해야 할 2가지가 있다. 먼저 '휴'는 '휴대품 손해보상 특약'이다. 말 그대로 휴대전화, 노트북 피시, 카메라, 가방 등 고가 물건에 우연한 사고로 손해가 생겼을 때 보험금을 주기로 약속한 것이다. 문제는 보상 한도 금액이다. 이게 천차만별이다. 낚시도 많다. 대부분 20~30만 원대 보상금을 준다고 유혹하는데, 한마디로 어림없다. 보상금은 최소 50만 원 이상은 돼야 한다. 그러니까 보험 가입 때 휴대품 보상 한도 금액은 50만 원 이상인 것으로 하길 바란다.

그다음은 '지'다. 요즘 꼭 고려해야 할 특약인 '(항공편·수하물 포함) 지연보상 특약'이다. 비행기가 4시간 이상 지연되거나 아예 취소되면 가입자가 불가피하게 쓴 숙박비, 식비, 교통비를 한도 내에서 보상해주는 게 핵심이다. 특히 엔데믹으로 항공 수요가 폭발한 데다 기상 이변이 속출하면서 비행기 지연이 빈번하게 발생하고 있다. 지연보상의 한도는 20~50만 원 수준이다. 수하물은 예정 도착 시간으로부터 6시간 이내에 도착하지 못했을 때 의복과 필수품 구입에 쓰인 비용이 지급된다. 연착을 밥 먹듯 하는 항공사가 하도 많으니 꼭 고려해야 한다. 이 지연보상 특약에만 가입해둬도 잘하면 50만 원씩은 그냥 번다.

이쯤 되면 걱정되는 게 있다. 특약 가입 보험료가 비싼 게 아닐까 하는 걱정이다. 천만에다. 정말이지 껌값이다. 10만 원 한도 시 약 300원대, 20만 원 한도 시 700원 정도만 더 내면 된다.

또 하나 고민되는 것이 있다. 카드사나 은행에서 공짜로 가입해주는 공짜 여행자보험은 어떨까? 결론부터 말하면 노No다. 싼 게 비지떡이다. 공짜라면 생색내기 위한 상품으로 보면 된다. 여행 중 빈번하게 발생하는 상해 사고나 질병에 대한 보상액이 턱없이 적거나 아예 없는 경우도 있다. 당연히 출발 전 여행자보험 가입 내용을 충분히 확인하고 부족한 사항은 추가로 다른 여행자보험을 통해 가입해야 한다.

헷갈리는 수하물 규정, '불담배'만 외우라!

늘 헷갈리는 비행기 수하물 규정이다. 항공사별로 워낙 많은 기준이 있으니 잘 알고 있어야 한다. 이번에는 '대한항공'이 소개한 수하물 규정 꿀팁이다.

> **1초 암기법**

위탁 수하물로 절대 부칠 수 없는 물품

[암기법] 불담배를 기억하라!
- 불 : 라이터
- 담 : 전자담배
- 배 : 보조배터리

★ 기내에는 불담배를 가져갈 수는 있다(위탁 수하물은 안 됨)!

일단 수하물의 종류에는 2가지가 있다. 기내로 가져갈 수 있는 '휴대 수하물'과 화물로 보내야 하는 '위탁 수하물'로 구분한다. 2가지 종류의 수하물에 공통으로 적용되는 주의사항은 가능하면 이름표를 붙이는 것이다. 특히 휴대가 아닌 화물칸에 부치는 위탁 수하물은 요주의다. 반드시 이름과 주소, 연락처를 영문으로 작성한 이름표를 붙여둬야 한다. 이유는 간단하다. 공항 수하물 시스템에 문제가 생겨 짐이 제때 도착하지 않거나 수하물이 서로 바뀌었을 경우를 대비하기 위해서다.

중요한 게 또 있다. '수하물 확인표Baggage Claim Tag'다. 위탁 수하물을 부치고 나면 직원이 증명서인 수하물 확인표를 준다. 예사로 두면 안 된다. 꼭 도착지 공항에서 짐을 찾을 때까지 보관해야 한다. 혹시나 수하물이 사라졌을 경우 그 짐을 추적하는 단초가 된다.

휴대 수하물은 제한 품목 사전 체크가 가장 핵심이다. 이게 사람 잡는다. 기내로는 가져갈 수 있지만 위탁 수하물로는 부칠 수 없는 물품, 반대로 기내로는 가져갈 수 없지만 위탁 수하물로는 부칠 수 있는 물품이 있다. 아예 비행기 반입 자체가 허용되지 않는 물품도 있다. 기분 좋게 휴대했다가 검색대 통과 후 바로 해당 물품을 버려야 하는 말도 안 되는 일까지 당할 수 있다. 미리 확인하고 대비하는 게 최선이다.

    대표적으로 조심해야 하는 '빅 3' 물품도 알아두자. 라이터와 전자담배, 보조배터리 등이다. 이 3가지 물품은 위탁 수하물로 부칠 수 없다. 반드시 승객이 직접 기내로 가져가야 한다. 쉽게 '불담배'로 외워두자. 각각 '라이터', '전자담배', '보조배터리'를 의미한다. 이때도 알아둬야 할 게 있다. 제한 규정이다. 라이터는 1인당 1개만 휴대할 수 있다. 전자담배는 배터리 용량이 100와트시 이하, 보조배터리는 배터리 용량이 160와트시 이하여야 한다. 만약 이를 넘을 경우 휴대와 위탁 수하물 모두 불가능함을 외워두자.

여행 고수도 모르는
인천공항 사용설명서

    공항에 도착하니 여권이 없다고? 현금이 사라졌다고? 당황할 것 없다.

인천공항 서바이벌 꿀팁만 알면 된다. 여행 고수도 잘 모르는 인천공항 사용설명서 5가지다. 필히 체크해두시라.

① 무료 샤워 시설

출국할 때건 입국할 때건 찝찝할 때가 있다. 이럴 때는 샤워다. 심지어 공짜라면? 인천공항에는 환승객을 위한 샤워 시설이 있다. 환승객은 무조건 공짜다. 일반 승객도 3,000원만 내면 누구든 이용할 수 있다. 일회용 샤워 키트도 함께 준다. 샤워 시설 위치는 탑승동 4층 중앙, 면세 지역 4층 동편, 서편 등 3곳이다.

② 긴급여권 발급

의외로 깜박하는 게 여권이다. 나이 들면 더 그렇다. 출국이 코앞, 게다가 공항까지 갔는데 여권 분실만큼 황당한 일도 없다. 걱정할 필요 없다. 심호흡 한 번 하고, 외교부 영사민원 서비스를 이용하면 된다. 임시 긴급여권 발급이다. 위치는 제1여객터미널 3층 F체크인 카운터와 제2여객터미널 중앙 정부종합행정센터다. 운영 시간은 오전 9시부터 오후 6시까지다. 중요한 건 발급 소요 시간이다. 1시간 30분 정도는 여유가 있어야 한다. 비용은 5만 3,000원이다. 비상용인 만큼 당연히 1회짜리다. 귀국 후에는 정식 여권을 다시 발급받아야 한다. 또한 발급할 때는 해당 나라의 긴급여권 승인 여부도 꼭 체크하자. 간혹 긴급여권으로 입국이 안 되는 나라도 있다.

③ 외투 보관 서비스

이거 의외로 쏠쏠한 겨울 시즌 꿀팁이다. 공항에 나갈 때 두꺼운 오리털 점퍼를 입고 간다. 그런데 향하는 곳은 무더운 휴양지라면? 난감하다. 여행 가방에 넣으면 한가득 찰 텐데 말이다. 이때 짐이 되는 두꺼운 외투를 공항에 그냥 맡겨둘 수 있다. 항공사마다 외투 보관 서비스를 운영하고 있다. 위치는 제1여객터미널은 지하 1층 서편, 제2여객터미널 교통센터 지하 1층 동편이다. 심지어 일주일 정도까지는 공짜다. 기간이 늘면 하루에 2,000원 정도 추가 요금이 있다. 운영 시간은 서편은 오전 8시부터 오후 8시까지, 동편은 오전 7시부터 오후 10시까지다.

④ 냅 존(무료 수면실)

졸려 죽겠다면? 무료 수면실 '냅 존Nap Zone'이란 게 있다. 탑승동 4층, 제1여객터미널 4층, 제2여객터미널 4층에서 24시간 운영된다. 당연히 공짜다. '릴렉스 존Relax Zone'도 있다. 냅 존과 달리 릴렉스 존에서는 휴대전화 충전 서비스도 제공된다. 그야말로 멍 때리기 좋은 명당이다.

⑤ 분실

공항에서 소지품을 잃어버렸다? 신고부터 하자. 신고하는 곳이 헷갈린다면? 2곳이 있다. 이참에 딱 정리해놓자. 여권에 도장을 찍기 전이라면, 즉 여객터미널이나 탑승동, 교통센터 공용지역, 주차장 등 일반 구역에서 잃어버렸다면 신고 장소는 공항 '유실물 관리소'다. 유실물 관리소는 제1여객터미널 지하 1층과 제2여객터미널 2층 중앙 정부종합행정센터 내에 있다. 경찰청 유실물 통합 포털인 'LOST112(www.lost112.go.kr)' 사이트에서도 확인할 수 있다. 그렇다면 여권에 도장을 쾅 찍고 보세구역으로 넘어갔다면? 면세점이나 탑승 게이트, 입국장 등 보세구역에서 물건을 잃어버렸을 때 신고 장소는 '세관 휴대품과'다. 전화를 하거나 직접 방문해도 된다. 관세청 홈페이지의 '여행자 분실물검색' 메뉴에서도 분실물 조회가 가능하다. 운이 좋아 잃어버린 물건을 찾았다면? 또 인천공항까지 나가는 게 일이다. 자신이 직접 찾아야 하지만 대리 수령이 가능하다는 점도 알아두시라. 위임장 등 서류를 작성하면 대리인이 수령하거나 택배 등을 통해서도 받을 수 있다.

수하물이 사라졌다고?
제대로 보상받는 '일파삼분' 공식

가끔 황당한 경우가 있다. 여행을 잘 끝내고 입국장에 들어섰는데, 짐이 사라진 경우다. 공항 '수하물 찾는 곳Baggage Claim'에서 30분 이상 기다려도 짐이 나오지 않으면 십중팔구 분실 또는 지연이다. 이런 경우 대처법을 잘 알아둬야 제대로 보상받을 수 있다.

> **1초 암기법**
>
> ### 수하물 관련 공식
>
> **수하물 파손·분실 신고**
> - 일파삼분 공식 : 일주일 이내 파손 신고, 삼주일 이내 분실 신고하라!
>
> **수하물 분실 책임**
> - 최후의 범인 공식 : 경유를 여러 번 했다면 마지막 항공사가 책임을 진다!
>
> **수하물 빨리 받는 법**
> - 선입후출 공식 : 먼저 들어간 짐은 나중에 나온다(수하물은 늦게 부치라)!

① 수하물 파손·분실 신고 : 일파삼분 공식

최우선적으로 해야 할 게 신고다. 바로 옆 수하물 데스크의 항공사 직원에게 하면 된다. 항공사에 따라 인터넷에서 사고를 접수하도록 유도하기도 한다. 인터넷 접수는 서둘러야 한다. 이때 공식이 있다. 일파만파가 아니라 '일파삼분' 공식이다. '파손은 일주일, 분실은 삼주일 안에 접수하라(1주일 파손, 3주일 분실)'는 의미다.

② 수하물 분실 책임 : 최후의 범인 공식

경유를 많이 했다면 어느 항공사에 컴플레인을 해야 할지도 헷갈린다. 하나만 기억하면 된다. '최후의 범인' 공식이다. 분실은 마지막에 경유한

항공사의 책임이 된다는 의미다.

③ 수하물 분실 보상액

또 하나 헷갈리는 게 보상액이다. 분실 보상액은 국제 기준을 따른다. 항공사가 속한 나라, 소비자가 탑승한 항공 노선에 따라 달라진다. 기준은 2가지다. 우선 '바르샤바협약'을 적용하면 1킬로그램에 20달러를 보상해준다. 20킬로그램짜리 가방을 분실했다면 약 50만 원을 챙길 수 있는 셈이다. 반대로 '몬트리올협약'을 적용하면 최대 1,131SDR(SDR : 국제통화기금 특별인출권)를 받을 수 있다. 한화로 약 180만 원선이다. 선진국 대부분은 몬트리올협약을 적용한다. 한국의 '소비자분쟁해결기준'도 몬트리올협약이 기준이다.

④ 수하물이 바뀐 경우

가끔 이런 경우도 있다. 다른 여행족이 착각해서 짐을 바꿔 나가버린 경우다. 이런 때는 수하물 사고로 보지 않는다. 즉, 항공사 책임이 아니라는 의미다. 승객과 승객의 개인 간 문제인 만큼 항공사 책임은 없다고 보면 된다. 당연히 주의하는 수밖에 없다. 눈에 확 띄는 색의 가방을 따로 챙기거나 이름표를 붙여 자신만의 표시를 해두는 수밖에 없다.

⑤ 수하물 빨리 받는 법 : 선입후출 공식

이참에 수하물 관련 꿀팁 공식도 하나 알아두자. 비행기에 수하물을 맡기면 어떤 가방은 빨리 나오고 어떤 가방은 늦게 나온다. 이때 필요한, 도착지에서 빨리 받을 수 있는 공식이 있다. '선입후출' 공식이다. '먼저 들어간 가방은 나중에 나온다'는 의미다. 그러니 체크인 후 가방만큼은 가장 늦게 맡기는 게 최선이다.

응용법편
기내가 호텔이 되는 '마법의 응용법'

비행기 안을 의미하는 기내, 그 기내 응용법편이다. 이거 의외로 모른다. 승무원들도 몰래 써먹는 놀라운 꿀팁의 대향연이 기내에서 펼쳐진다. 같은 명품 화장품을 20퍼센트 더 싸게 살 수 있는 '환상기' 필살기도 꼭 연마해두시라.

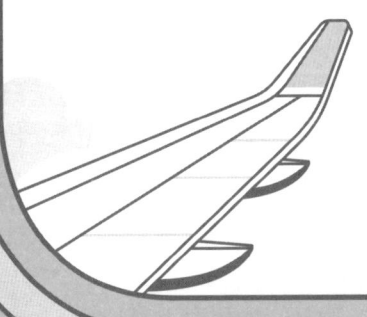

생존 확률이 가장 높은 좌석 '비상 3'

비행기 안에도 '명당'이 따로 있다는 사실, 알고 있는가. 같은 값이면 다홍치마라 했다. 마찬가지다. 같은 값을 냈다면 기내에서도 당연히 명당에 앉아야 한다. 제대로 알면 여행이 2배로 즐거워진다. 승무원들도 꽁꽁 숨기는 기내 명당 고르는 실전 비법을 낱낱이 공개한다. 우선 〈AP 통신〉이 은밀하게(?) 공개한 노하우를 살펴보자.

> **1초 암기법**
>
> ### 생존 확률이 가장 높은 좌석 공식
>
> **비상 3 공식**
> - 비상 3 : 비상구 뒤 세(3) 번째 좌석(복도)

최고 명당은 누구나 알고 있다. '황제 자리'라 불리는 비상구 바로 앞뒤 좌석이다. 비상구 앞쪽은 의자를 확실하게 뒤로 젖힐 수 있으니 좋다. 당연히 비상구 뒤쪽은 다리가 편하고 공간이 널찍한 게 강점이다. 중요한 건 쟁취하는 비법이다. 요즘은 이거 웃돈 받고 판다. 돈 더 내면 된다는 의미다. 다만 최근 기내 비상문 개폐 사건이 벌어지면서 다시금 유료제가 폐지된

위기라는 점이다.

그래서 한때 유행했던 비상구 자리 쟁취법을 알려주겠다. 비상구 주변은 안전을 감안해야 하는 비중 있는 공간이다. 그래서 비상구 좌석은 정확히 출발 24시간 이전부터 개방한다. 그렇다. 출발 24시간 전, 이 시간대가 포인트다. 딱 1초라도 지나는 순간 무조건 전화해 문의하시라. 또한 누구나 앉을 수 있는 게 아니라는 것도 알아둬야 한다. 노약자, 15세 이하 연령대는 비상구 자리에 앉을 수 없다는 것도 알아두시라.

비상구 좌석에 대한 오해가 하나 있다. '나는 몸이 불편해서 비상구 자리에 앉고 싶다'는 구걸형 자세는 절대 안 된다. 비상구 자리는 비상시 승무원을 돕는 자리다. 오히려 건강함을 어필해야 한다.

두 번째 로열석은 벽면 좌석이다. 이 좌석의 포인트는 유아를 동반한 가족이다. 사실 자세히 보면 벽면에 구멍이 뚫려 있다. 유아용 침대를 장착하는 연결 구멍이다. 당연히 유아 동반 가족이 우선이다. 아이와 함께라면 미리 찜하면 끝이다.

명당은 또 있다. 기내식을 보관하는 갤리나 화장실 뒤쪽 첫 좌석이다. 여기도 다리 공간이 꽤 넓다는 것을 기억하시라.

비행기 멀미가 심한 사람들에게도 명당이 있다. 뒤쪽보다는 앞쪽, 창측보다는 가운데가 낫다. 비행기는 난기류를 만났을 때 동체 뒤쪽과 날개 쪽이 더 많이 흔들린다. 조용한 비행을 원할 경우에는 무조건 앞쪽 공간을 고집하시라. 항공사는 단체 여행객들을 주로 뒤쪽 열에 배치한다. 당연히 상대적으로 시끄러울 수밖에 없다. 날개 쪽 좌석도 피해야 한다. 비행기 엔진이 날개 쪽에 있어 소음이 상대적으로 심하다.

사고 때 가장 안전한 자리는 통계가 말해준다. 영국 그리니치대학 화재안전공학그룹을 이끄는 에드 게일리어 교수가 내놓은 항공 사고 대피 때 인간 경험 데이터베이스 보고서에 따르면 비상구까지 평균 거리가 좌석 2.89개(좌석과 좌석 사이의 거리가 1개)일 때 생존 확률이 가장 높다. 창가석보다는 복도석의 생존 확률이 소폭 높다는 것도 흥미롭다. 헷갈린다면 '비상 3' 공식으로 외워두자. '비상구 뒤 세(3) 번째 좌석(복도)'이라는 연상법이다. 명당을 아는 만큼 비행이 편해진다는 것, 생존 확률이 높아진다는 것, 명심하시라.

공짜 케이크를? 승무원만 아는 기내 공짜 아이템 2가지

'하늘 위의 만찬', 기내식의 애칭이다. 엔데믹 시대, 한동안 중단됐던 특별 기내식 서비스도 돌아오고 있다. 알고 보면 장난 아니다. 종교식부터 다이어트를 위한 저칼로리식까지 없는 게 없다. 이게 바로 특별 기내식이다. 일반적으로 주는 기내식과 구분해 따로 특별 기내식으로 분류한다.

> **1초 암기법**
>
> ### 특별 기내식 주문 필살기
>
> **특별 기내식 주문법**
> - 다이어트용 저칼로리식, 유아식 등 특별 기내식은 출발 24시간에서 48시간 전에 사전 요청하라!
>
> **공짜 케이크 먹는 법**
> - 신혼여행, 생일 등 특별한 날이라면 기념일 케이크 서비스를 이용하라. 사전에 신청하면 1년에 한 번 누구나 무료다!

먼저 특별 기내식 정의부터 알아두자. "특별 기내식이란 건강(각종 질병이나 특정 식품에 대한 알레르기 등), 종교, 연령 등을 이유로 정규 기내식을 먹기 힘든 승객에게 제공되는 기내식"이라고 규정돼 있다. 그러니까 이런 것이다. 굳이 종교적인 이유가 아니어도 된다. 다이어트 중이거나 특정 음식이 입에 맞지 않는 사람이라도 신청만 하면 된다. 예컨대 다이어트 중이라면 열량을 제한한 저칼로리식을 신청하면 된다. 당연히 밀가루 알레르기나 복숭아 알레르기가 있는 사람도 해당된다. 밀가루라면 글루텐제한식, 복숭아라면 복숭아를 뺀 과일을 주문하는 식이다. 해산물을 좋아하는 사람은 해산물식을 주문할 수도 있고 과일만 나오는 과일식도 있다.

다음은 주문법이다. 무조건 출발 24시간에서 48시간 전에 사전 요청해야 한다. 이 시간이 지나면 아무리 졸라도 소용없다. 당연히 모든 항공사가 특별 기내식을 다 제공하는 건 아니다. 특별 기내식 종류에 따라 일부 제한이 있거나 추가적인 준비 기간이 필요할 수 있으니 사전에 항공사로 문의하는 게 가장 좋다.

아이와 함께 여행할 때도 특별 기내식이 요긴하다. 영유아와 아동을 위한 특별 기내식이 있다. 보통 24개월 미만인 유아에게는 주스나 우유가 나온다. 심지어 이유식도 있다. 먹던 것 씹어주지 말고 이유식을 주문하면 된다. 24개월 이상 12세 미만인 아동은 햄버거, 스파게티, 피자 등 아이들이 좋아하는 메뉴로 선택할 수 있다.

건강에 민감하다면 건강식을 주문하면 된다. 저지방·저콜레스테롤식에는 콜레스테롤 함량이 높은 고지방 육류, 육수, 달걀노른자가 빠진 저지방 생선이 주로 사용된다. 당뇨식도 있다. 열량, 단백질, 지방, 당질 섭취량을 조절하는 동시에 식사량 배분과 포화지방산 섭취 제한 등을 고려한 식단이다.

심지어 저자극식도 나온다. 가스를 유발할 수 있는 채소나 기름기 많은 음식은 쏙 빠진다. 염분을 제한한 저염식이나 우유, 크림, 분유 같은 유제품을 제한한 유당제한식도 있다. 이번 기회에 알아두시라.

사실 이 정도까지는 여행을 자주 다니는 고수라면 누구나 알고 있다. 지금부터는 보너스 기내식이다. 특별 기내식에서 가장 주목할 게 바로 '기념일 케이크 서비스'다. 신혼여행, 생일 등 특별한 날이라면 사전에 신청만 하면 된다. 1년에 한 번, 누구나 할 수 있다. 물론 공짜다. 크기는 손바닥만 하지만 남들 다 팍팍한 건조 빵 먹을 때 나 홀로 기내에서 케이크를 맛보는 맛, 황홀한 서프라이즈다.

20퍼센트 이상 싸진다! 기내 면세품 쇼핑하는 '환상기' 공식

이번에는 면세 쇼핑 꿀팁이다. 쇼핑에 무슨 필살기가 있냐는 사람들은 하수다. 이거 잘만 적용해도 10만 원은 먹고 간다.

> **1초 암기법**
>
> **돈 버는 면세 쇼핑 공식**
>
> 환상기 공식
> - 환율 상승기는 기내가 싸다!
> ★ 환율 상승기 = 원화 가치 하락기(약세기)

우선 가장 고민 되는 것이 면세점 선택이다. 일반 면세점과 기내 면세점 중 어느 곳이 더 쌀까? 헷갈린다. 이럴 때 해답은 '환율'이다. 환율 이야기가 나오니 머리부터 아픈가? 괜찮다. 간단히 필살기 공식 하나만 외우면 된다. '환상기' 공식이다. 환율 상승기(원화 가치 약세기)라면 이때 정답은 기내다. 면세점이 아니다. '기내에서 내려다보는 뷰가 환상적'이라고 연상하면서 외워두면 된다.

일반 항공사들은 면세품 가격에 적용하는 환율을 그 직전 달의 원·달러 환율 금액 기준으로 책정한다. 9월 판매 제품이라면 8월 말에 정해놓은 환율이 기준이 되는 것이다. 당연히 환율이 오르는 폭만큼 싸게 살 수 있는 셈이다. 반대로 환율 하락기(원화 가치 강세기)에는 면세점으로 달려가야 한다. 기내에서 사면 환율 차액분만큼 손해다.

무조건 기내 쇼핑이 싼 품목도 있다. 바로 주류다. 같은 브랜드의 같은 상품의 주류인데, 일반 면세점과 기내 면세점 가격이 최대 10퍼센트 이상 차이가 나기도 한다. 술을 선물하고 싶다면 일반 면세점이 아닌 기내에서 사야 한다는 것을 명심해두시라.

이참에 면세 쇼핑 상식도 몇 가지 챙겨두자. 우선 언제부터 면세 쇼핑이 가능한지다. 의외로 모르는 사람이 많다. 일단 출국 비행기 편명이 확정돼야 한다. 그다음 출국 날짜를 기준으로 30~60일 전부터 살 수 있다. '신라면세점'과 '동화면세점'은 60일 전, '롯데면세점'은 30일 전이다. 시내 면세점은 이티켓 발권 후 2달 전부터다.

이도 저도 안 돼 공항에서 쇼핑을 한다면 면세점 영업시간을 알아두자. 일반적으로 영업시간은 오전 6시 30분부터 밤 9시 30분까지다. 이 시간 이후에는 24시간 면세점만 이용해야 한다.

기내 시차 적응법, '동방신기' 공식

기내 컨디션 관리법, 이것도 중요하다. 어릴 때는 모른다. 나이 들어야 비로소 절감하는 게 '시차증후군'의 심각성이다. 두통, 식욕 부진, 집중력 저하뿐만 아니라 심할 때는 여행 전체 분위기를 좌우할 수도 있어서다. 우선 시차 상식부터 점검해두자.

1초 암기법

시차 적응 공식

동방신기 공식
- 동쪽 방향 여행은 신체 기상에 '따블'이 걸린다!

개인차가 있긴 하지만 통상 4~6시간 정도 시차는 적응하는 데 하루, 10시간 이하는 이틀, 10시간 이상은 3일 정도가 걸린다. 비행 방향에 따라 시차증후군 강도가 달라진다는 점도 알아두시라. 서에서 동으로 도는 지구의 자전 때문에 같은 거리라면 동쪽으로 갈 때 증폭된다. 증후군 회복에 50퍼센트 정도 시간이 더 걸린다. 나는 '동방신기' 공식으로 외워둔다. '동방(동쪽 방향) 여행은 신체 기상에 따블이 걸린다'는 연상법이다.

극복법은 다양하다. 가장 먼저 알아둬야 할 게 현지 적응법이다. 출발 2~3일 전부터 생체 시계를 조금씩 바꿔주는 전략이다. 도착지가 유럽이나 아시아 같은 서쪽이라면 여행 가기 7일 전부터 하루에 1시간씩 취침 시간을 늦추면 된다. 미국, 캐나다 같은 동쪽이라면 반대로 1시간씩 일찍 자면 된다.

기내에서 잠도 중요한 역할을 한다. 시차 적응을 위해서는 깊은 수면보다 토막 잠이 낫다. 괜히 영화 보며 쓸데없이 버티다가는 한 방에 훅 간다. 기내에서 가급적 물을 많이 마셔 수분을 충분히 보충해주는 것도 잊지 말자.

여행지에 도착한 후에는 '멜라토닌 요법'을 잊지 말아야 한다. 쉽게 말해 현지 시간에 맞춰 낮 시간대에 활발한 야외 활동을 해주는 것이다. 수면 호르몬인 멜라토닌은 빛이 있거나 활발한 신체활동이 이뤄질 때 분비가 중단된다. 당연히 밤에 숙면을 취할 수 있다. 잠들기 전 가벼운 운동과 스트레칭을 통해 긴장된 몸을 풀어주는 것도 요령이다.

식이요법도 병행하는 게 효과적이다. 식습관, 당연히 시차 적응에 핵심적인 역할을 한다. 고단백 식사와 고탄수화물 식사를 강추한다. 고기, 달걀, 콩, 우유 등 고단백 식품은 신체 활력을 제공하고 밥, 채소, 빵, 과일 등 고탄수화물 식품은 수면을 유도한다. 커피, 술 등 숙면을 방해하는 것은 되도록 삼가자.

현지에서는 아침 일찍 일광욕을 하는 것도 도움이 된다. 내가 가장 많이 활용하는 비법이다.

항공편 시간을 조절하는 방법도 있다. 미국행일 때는 되도록 밤에 출발하는 항공편을 이용하는 식이다. 밤새 비행기에서 충분한 수면을 취한 후 아침에 도착해 업무를 바로 볼 수 있다. 반대로 유럽행일 때는 현지 저녁 시간대 도착이 많으니 비행기에서 아예 잠을 피하고 영화 관람이나 독서를 하는 게 팁이다.

절대 안 가르쳐준다! 기내 공짜 아이템 10가지

말도 안 된다. 기내에서 공짜로 득템할 수 있는 아이템이 무려 10가지다.

방법도 간단하다. 기내에서 승무원에게 물어보기만 하면 된다. 의외로 모르는 사람이 많다. 당연히 항공사나 승무원들은 쉬쉬한다. 굳이 승객에게 '이런 서비스가 있다'고 알려주지는 않는다.

① 칵테일

지금부터 주목. 일단 요청해보시라. 칵테일 서비스다. 요청하면 제조 가능한 칵테일을 만들어준다. 심지어 리필도 가능하다니, 기가 막힌다.

② 컵라면

한동안 해외 장거리 비행에서 내가 몰래 먹었던 컵라면 신공도 있다. 장거리 비행 시 컵라면을 요청해보라. 심지어 이런 사람들도 있다. 여행 고수(?)들 중 일부는 컵라면을 가지고 탄 후 뜨거운 물만 요청한다. 대단하다.

③ 케이크

기내에서 생일을 맞거나 기념일일 경우 항공사 홈페이지 등에서 미리 신청하면 케이크 서비스를 받을 수 있다. 모든 항공사가 공짜로 주는 건 아니니 체크해두길 바란다. '대한항공', '아시아나항공' 등 국적기는 당연히 서비스해준다.

④ 음료

중장거리 노선의 경우 생수병이나 탄산음료 캔을 요청할 수 있다. 다만 저비용항공사의 경우 유료 판매다.

⑤ 소독 티슈

기내에서 세균이 가장 많은 곳이 좌석 테이블이다. 소독할 시간도 없이 하루에도 몇 번씩 하늘을 날아다니니 당연히 더러울 터다. 꺼려진다면 소독 티슈를 가져다달라고 하자.

⑥ 간식거리

중거리 이상의 여행인 경우 영화를 보다 보면 입이 심심해진다. 이럴 때는 스낵 서비스를 요청해보자. 땅콩 같은 견과류 스낵을 가져다준다. 아이들이 원하면 사탕 같은 과자도 준다.

⑦ 구급용품

기본적인 응급처치 용품은 늘 기내에 비치돼 있다. 밴드 같은 간단한 구급 용품이 필요하다면 주저하지 말고 승무원에게 부탁해보자. 다만 진통제 등 먹는 약은 제공하지 않는 것이 원칙이다.

⑧ 장난감

어린이용 장남감도 제공한다. 장거리 비행에 아이들이 몸을 뒤튼다면 색칠 공부 같은 놀잇감을 쥐어줄 수 있다. 아이가 떼를 쓰기 시작하면 승무원이 알아서 가져다주는 경우도 많다.

⑨ 기내식 추가

기내식 추가 요청도 가능하다. 대식가들은 기본적인 기내식만으로 배를 채우기 힘들 것이다. 이럴 때는 기내식을 더 요청할 수 있다. 다만 다른 승객들에게 제공하고 남았을 경우다.

⑩ 볼펜

입국신고서 작성 등을 위해 제공하는 항공사 볼펜은 가져도 된다. 항공사별 볼펜을 모으는 사람도 있다고 한다.

취소법편
여행사가 절대 알려주지 않는 '취소 필살기'

여행 예약을 해두고 긴급 상황이 발생하는 경우가 있다. 갑작스러운 사고 때문에 취소를 해야 하는 황당한 상황이다. 그냥 취소하면 취소 수수료를 당연히 물어야 한다. 여기서 잠깐, 취소를 하고도 수수료를 안 물 수 있는 기상천외한 꿀팁이 있다. 물론 규정이 있고, 그 규정을 뒤집는 꼼수기는 하다. 뭐 어떤가. 4인 가족 기준 여행 비용만 1,000만 원이 넘는 유럽이라면 무려 1,000만 원 정도를 절약할 수 있다는데. 여행사들은 목에 칼이 들어와도 이 취소 수수료 피하는 꼼수를 알려주지 않는다. 무조건 외워두시라.

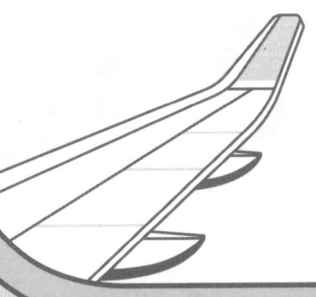

여행 하루 전에 취소해도 수수료 안 문다! '불사신' 공식

가끔 황당한 일이 있다. 태풍 사태처럼 여행을 앞두고 있는 곳에 천재지변이 일어나는 경우다. 긴급이다. 불안하다. 취소를 할까 말까 고민된다. 하지만 만만치 않다. 패키지여행을 예약하고 중간 취소를 하면 어마어마한 취소 수수료가 발생하기 때문이다.

지금부터 주목. 수수료 안 물고 패키지여행 취소하는 놀라운 필살기를 알려주겠다. 간단하다. 공식만 외우면 된다.

1초 암기법

여행 취소의 기술 공식

불사신 공식
- 불 : 취소 수수료 불(不) 지불
- 사 : 사망
- 신 : 신체 이상

우선 취소 수수료 물지 않는 한계점 공식이다. 그 유명한 '2080'이 아니라 '1030'이다. '10'은 국내 여행 상품의 취소 골든타임 기준이다. 쉽게 말해 국내 여행 상품은 취소 한계점이 '10일 전'이라는 의미다. 10일을 기준으로 이전이면 전액 환불, 나머지는 차례로 취소 수수료를 물어야 한다. 출발 10일 전 20퍼센트 배상, 2일 전 30퍼센트 배상, 1일 전 50퍼센트 배상, 당일 100퍼센트 배상이 원칙이다.

해외는 '30'으로 기억해두자. 여행사 패키지로 해외여행을 예약한 후 취소할 경우 30일 이전이라면 수수료를 내지 않아도 된다. 반대로 29일부터 차례로 출발일까지 취소 수수료가 차등 적용된다. 출발 10일 전(29~10일 사이) 15퍼센트 배상, 8일 전(9~8일 사이) 20퍼센트 배상, 하루 전(7~1일 사이) 30퍼센트 배상, 당일 총 상품 가격의 50퍼센트 배상이 보통이다. 유럽여행의 경우라면 1인당 300만 원쯤은 예사다. 이 경우 일주일 남은 상황에서 취소를 하면 30퍼센트, 즉 90만 원 가까이 수수료가 발생한다.

지금부터 주목하시라. 취소 수수료를 물지 않고 예약해놓은 패키지여행 취소하는 꿀팁을 알려주겠다. 수수료를 내야 하는 상황인데도 내지 않게 만드는 마법 같은 '불사신' 공식이다. '불'은 '수수료 안 내도 된다'는 의미에서 '아닐 불(不)'을 쓴 것이고, '사'는 '사망(가족 사망, 다음 [1]번)', '신'은 '신체 이상(다음 [2]번과 [3]번)'이다.

정리하자면 이렇다. [1]가족 사망은 3촌 이내 친족의 사망으로 한정, [2]질병 등 여행자 신체 이상 발생으로 참가 불가능, [3]배우자 또는 직계존비속이 신체 이상으로 3일 이상 병원 입원(출발 시점까지 퇴원 곤란)한 경우다. 이 3가지 경우에 수수료 안 무는 건 당연한 것 아니냐고? 물론 당연한 상황들이다. 하지만 절대 여행사에서는 이 경우 미리 취소 수수료를 내지 않아도 된다고 말해주지 않는다. 고객이 알아서 지적을 해야 그때서야 수수료를 면제해준다. 그러니 무조건 암기하고 있어야 한다.

내가 가장 많이 받는 민원도 이런 수수료 부과 상황들이다. 이것저것 다 헷갈리고 복잡하다고? 당황할 필요 전혀 없다. 전화기를 들고 '한국소비자원(www.kca.go.kr)'이나 '한국여행업협회-KATA(www.kata.or.kr)'의 '여행불편처리센터'로 연락만 하면 친절히 상담해준다.

연착, 제대로 보상받는 '440' 필살기

돈 되는 여행의 기술 최고 단계가 연착 배상 제대로 받기다. 이거 의외로 까다롭다. 여행족들이 흔히 접하게 되는 교통편을 총 정리해주겠다. 꼭 외워두시라.

1초 암기법

연착 보상 제대로 받는 필살기

[암기법] 440을 기억하라!
- 4 : 국제선 항공편 연착 보상 기준 4시간(운임의 10퍼센트 정도)
- 40 : 일반 열차 연착 보상 기준 40분(KTX는 20분 연착)

비행기 연착 배상법부터 정복해두자. 먼저 국제선이다. '소비자분쟁해결기준'은 항공사 고의나 과실로 국제선 비행기가 4시간 이상 연착됐을 때 숙박비와 함께 항공 운임의 20퍼센트를 배상하도록 명시하고 있다. 2시간에서 4시간 사이는 전체 운임의 10퍼센트를 항공사가 배상해야 한다. 다만 단서 조항이 붙는다. '항공사 고의나 과실'로 인한 연착이어야 한다는 점이다. 여기서 우리 여행족들은 속에서 천불이 난다. 이걸 어떻게 증명하나. 맞는다. 항공사가 스스로 '네, 고객님. 죄송합니다. 저희 고의나 과실입니다'라고 할 리 없다. 애매하다. 그래서 늘 논쟁거리가 된다.

다음은 국내선이다. 역시 항공사 고의나 과실로 인해 2~3시간 연착됐을 경우 해당 구간 운임의 20퍼센트, 3시간 이상은 30퍼센트까지 배상받을 수 있다. 역시나 문제는 단서 조항이다. 기상 상태, 공항 사정, 항공기 접속 관계, 안전 운항을 위한 예견하지 못한 정비 등 불가항력적인 사유로 인한 경우는 제외다.

그래서 통용되는 수준이 있다. 이 정도 연착이면 항공사도 배상에 오케이하는 세이프 존이 4시간 연착이다. 연착 보상받는 필살기 '440'에서 앞의

'4'로 기억해두면 된다. 현금이나 항공권 구입 쿠폰, 식사권, 포인트 등 다양한 방법으로 보상해준다.

고속버스 연착 때도 요금의 일부를 돌려받을 수 있다. 이때 참고해야 할 규정이 '고속버스운송사업운송약관'이다. 버스 회사는 고장이나 교통사고 등으로 인해 지연 도착된 경우 지연 시간이 정상 운행 소요 시간의 50퍼센트를 넘어서면 운임의 10퍼센트를, 100퍼센트 이상일 경우에는 20퍼센트를 각각 환급해줘야 한다. 물론 이때도 예외 조항이 있다. 천재지변, 악천후, 도로의 정체, 기타 불가항력적인 사태 및 정부 기관의 명령이 있을 때다. 명절 같은 때가 그렇다. '기타 불가항력적인 사태'로 인한 것이니 아쉽지만 환급받을 수 없다.

그렇다면 열차는 어떨까? 연착 보상받는 필살기 '440'에서 뒤의 '40'을 기억해두면 된다. KTX가 20분 이상, 일반 열차는 40분 이상 연착될 때다. 만약 탑승을 포기했다면 영수 금액 전체를, 도착역까지 갔다면 승차일로부터 1년 이내에 소지한 승차권을 역에 제출한 후 운임의 일부를 돌려받으면 된다. KTX의 경우 20분 이상 40분 미만은 운임의 12.5퍼센트, 40분 이상 60분 미만은 25퍼센트, 60분 이상은 50퍼센트까지 환급받을 수 있다. 일반 열차의 경우 40분 이상 80분 미만은 12.5퍼센트, 80분 이상 120분 미만은 25퍼센트, 120분 이상은 50퍼센트까지 환급받을 수 있다. 철도공사가 이 연착 환불 규정을 모를 리 없다. 연착을 해도 KTX는 꼭 19분 까지, 일반 열차는 꼭 39분까지만 한다. 참으로 대단한 운영사들이다.

절대 보상받을 수 없는 사고가 있다?

태풍, 테러, 전쟁. 여행을 앞두고 당하는 황당한 경우다. 하필이면 가려는 곳에 갑작스럽게 태풍이 덮친다. 공포심에 여행을 포기한다면 취소 수수료를 부담해야 할까? 늘 헷갈리는 분쟁거리다. 지금부터 딱 정리해주겠다.

> **1초 암기법**
>
> ## 여행 취소 절대 못 하는 경우
>
> **천재지변**
>
> ★ 천재지변 예외 : 정부에서 여행지 경보를 상향하는 경우 취소 수수료 없이 취소가 가능하다!

천재지변, '보상 받을 수 없다'가 원칙이다. 쉽게 말해 여행을 취소한다면 수수료를 부담해야 한다는 것이다. 다만 '공정거래위원회'가 마련한 표준약관에는 천재지변, 전란, 정부의 명령, 운송·숙박 기관 등 파업·휴업 등으로 여행 목적을 달성할 수 없는 경우에 한해 손해배상을 청구할 수 있다고 명시돼 있다. 하지만 책임 소재를 밝히는 과정이 만만치 않다. 이런 경우 여행사가 유연하게 처리를 하거나 분쟁의 소지가 발생할 경우 합의를 보게 된다.

간혹 취소 수수료를 면제해주는 경우도 있다. 어떤 경우일까? 정부가 나서서 나라별 안전도를 조정하는 경우다. '여행자제' 지역이 경계 경보상 '여행금지' 구역이 되거나 '특별여행주의보'가 내려지는 것이다. 이런 경우는 항공사와 여행사 역시 분위기에 동참해 취소 수수료를 일괄 면제해준다.

국내의 경우는 어떨까? 폭염 아니면 폭우다. 양극단을 오가는 초유의 변덕 날씨에는 숙박 시설 예약 취소와 관련한 소비자 피해와 불만 상담이 급증한다. '소비자분쟁해결기준'은 기후 변화 및 천재지변으로 소비자의 숙박 지역 이동 또는 숙박업소 이용이 불가해 숙박 당일 계약을 취소하는 경우 사업자는 소비자에게 계약금을 돌려줘야 한다고 규정하고 있다.

문제가 되는 경우는 정상적으로 오갈 수 있는 지역의 펜션들이다. 예약자들이 불안해하며 예약 취소를 요구할 때다. 일부 지역의 경우는 천재지변에 준하는 수준이지만 나머지 지역은 진입로 등 전 구간이 원활해 이용에 지장이 없는데, 이 경우 십중팔구 분쟁으로 이어진다.

사실 이런 경우라면 환불이 불가능할 수밖에 없다. 소비자분쟁해결기준비고란에도 "기후 변화 또는 천재지변으로 숙박업소 이용이 불가한 경우는 기상청이 강풍·풍랑·호우·대설·폭풍해일·지진해일·태풍·화산주의보 또는 경보(지진 포함)를 발령한 경우로 한정된다"라고 명문화하고 있다. 혹여 소송으로 가도 피해는 소비자들의 몫이다. 분쟁이 발발할 경우 중간자 역할을 해야 할 공정거래위원회도 뾰족한 수가 없다. '한국소비자원'에 분쟁 조정을 신청할 수 있지만 펜션 주인이 조정안을 수락하지 않으면 이 역시 소용이 없다.

  항상 항공편 문제가 불거지는 제주도는 어떨까? 항공편 결항으로 부득이하게 호텔 예약을 펑크낼 경우 환불 요청을 할 수 있을까? 제주도는 특수하다. 웬만하면 항공편 결항 때 호텔 예약분에 한해 환불해주는 경우가 많다.

해외 실전편
해외에서 당하지 말자

눈 감으면 코 베어 가는 해외, 어떤 일이 터질지 모른다. 뒤통수치는 사기는 일상다반사다. 그 긴급 상황에 대비하는 필살기를 장착해주겠다. 사기꾼 판별법부터 3,000달러까지 긴급 조달할 수 있는 다양한 서바이벌 꿀팁이다. 헷갈리면 이거 하나만 기억해두자. 가족도 아닌데, 이상하게도 '삼촌 톰 아저씨'처럼 친절하게 대해주는 이들이 그 유명한 '엉클 톰' 사기꾼이라는 것이다. 세상에 공짜는 없다. 그 법칙을 절실하게 느끼게 되는 게 해외다. 속지 마시라.

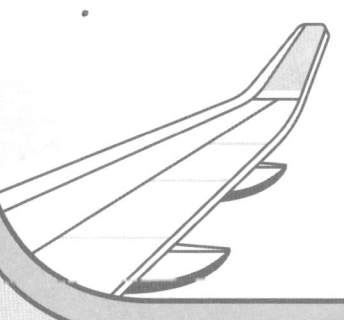

현금 쓸까, 카드 쓸까? '원강카'만 외우라!

1초 암기법

해외 결제법 공식

원강카 공식
- 원화 가치 강세기에는 (현금 말고) 카드를 쓰라!

'원화로 할까, 현지 통화로 할까?' 해외여행에서 카드를 쓸 때마다 떠오르는 고민거리다. 가랑비에 옷 젖는 줄 모른다는 말이 있다. 그냥 넘어갔다가는 큰코다친다. 현지에서 카드를 써본 사람들은 안다. 항상 묻는다. 원화냐 현지 통화냐. 애매하다. 그래서 딱 정해주겠다. 일단 복잡한 환율은 따지지 말자. 나도 헷갈리니까. 프로세스 기준으로 정답은 현지 통화다.

현지 통화로 결제하는 게 유리하다는 의미다. 현지 통화로 카드를 쓰면 일반적으로 세 단계를 거쳐 결제가 이뤄진다. '현지 통화 결제-달러화로 바꾼 후 글로벌 브랜드 카드사(비자, 마스터 등)에 청구-한국 카드사가 원화로 바꿔 고객에게 청구'하는 단계다. 만약 원화라면 현지 통화 결제 이전에 원화가 현지 통화로 전환되는 과정이 추가된다. 당연히 환전 수수료가 한 번 더 부과될 수밖에 없다.

'현금(현지 화폐)으로 할까, 카드로 할까?' 역시나 고민이다. 이럴 때는 공식 하나만 외우자. 내가 만든 '원강카' 공식이다. '원강'은 '원화 가치 강세'를 의미한다. '원화 강세 = 환율 약세'다. 즉, 원강카는 '원화 가치 강세기(원·달러 환율이 슬슬 내리는 = 원화 가치가 올라가는)에는 카드'라는 의미다. 환율 하락기(원화 가치 강세기)에는 해외에서 신용카드를 쓰는 게 훨씬 낫다. 카드 대금은 구입 시점이 아니라 매장, 즉 가맹점에서 금융회사로 청구하는 시점의 환율이 적용된다. 그 기간의 원화 가치 상승분만큼 이득을 볼 수 있기 때문이다.

카드를 잃어버리는 황당한 경우를 당할 수도 있다. 이때 필요한 게 SMS 서비스다. 물론 이용료는 공짜다. 도난이나 분실에 대비해 카드사 신고 센터 전화번호도 꼭 알아두는 게 좋다. 카드사마다 긴급 대체카드 서비스도 있다. 대체카드를 어떻게 발급받는지에 대한 절차도 미리 체크해두는 게 현명하다.

중요한 게 또 있다. 여권의 영문 이름과 카드의 영문 이름이 다른 경우다. 나 역시 마찬가지다. 카드 영문 이름은 'ICK SOO'를 사용하지만 여권 영문 이름은 'IK SOO'를 사용한다. 이 경우 결제가 거부될 수 있다.

카드 사용 금액이 많다면 귀국 후 카드사에 문의해 할부로 전환할 수 있다는 것도 알아두자. 또한 유럽처럼 PIN 번호를 입력해야 카드 사용이 가능한 나라도 많다. PIN 번호는 카드 비밀번호를 말한다.

이것저것 귀찮다면 아예 해외에서 카드 사용을 금지해둬도 된다. 새는 구멍을 막는 전략이다.

잊을 뻔했다. 2023년 엔데믹 이후의 꿀팁이다. 현금도 카드도 안 쓰고 휴대전화 페이를 쓰는 MZ들이 많아졌다. 이 경우는 환율 고민 없이 그냥 쓰면 된다. 세상 참 좋아졌다.

사고 SOS?
해외 사고 대처 6계명

해외여행, 안전과 사고는 종이 한 장 차이다. 만에 하나, 그게 늘 문제다. 그래서 준비한다. '금융소비자연맹'이 내놓은 해외여행 사고 대처법 6계명이다.

① 카드사나 은행의 공짜 여행자보험, 괜찮을까?

무료로 가입시켜주는 상품은 말 그대로 생색내기 위한 상품이 많다. 보장 최고액 또는 가입 사실만 내세우고 실속은 없는 게 대부분이다. 여행 중 빈번하게 발생하는 상해 사고나 질병에 대한 보상액이 턱없이 적은 경우도 많다. 추가 보험을 생각하는 게 좋다.

② 여행자보험 가입 때 고려할 점은?

여행자보험의 주요 담보는 3가지다. 사망후유장해, 질병 치료비, 휴대품 도난 등이다. 가장 중요한 건 필요한 보장 기간, 보장 항목과 가입 금액이다. 담보 내역별로 보상하는 손해와 보상하지 않는 손해를 꼼꼼히 확인하는 것도 필수다. 특히 스카이다이빙, 전문 등반 등 위험 활동은 보상이 되지 않는다는 점에 유의해야 한다. 타 보험과의 중복 보장 여부도 꼭 확인하길 바란다.

③ 치료를 받다가 보험 기간이 끝나면?

그래도 보상이 된다. 질병 사망과 치료는 보험 기간 마지막 날로부터 30일 이내에 사망이나 치료를 받게 될 경우 연장 보상을 원칙으로 한다. 약관이 변경돼 치료받는 도중 보험 기간이 만료됐을 때도 보험 기간 종료일로부터 90일까지는 보상이 된다.

④ 해외여행 때 보상되지 않는 사고는?

여러 가지다. 자살, 폭행 범죄 피해, 정신 질환 등은 제외 항목이다. 임신부의 출산과 유산도 안 된다. 질병 치료와 무관한 치아 보철 등도 보상 대상이 아니다. 당연히 천재지변도 제외다. 전쟁, 내란, 소요로 인한 피해는 절대 보상받을 수 없다.

⑤ 예기치 못한 사고가 발생했다면?

우선 증빙서류를 갖춰야 한다. 치료를 받았을 때는 다시 그 나라로 재방문이 어려울 수 있으니 반드시 치료비 영수증과 진단서를 챙겨둬야 한다. 휴대품을 잃어버렸을 때도 현지 경찰서에 신고한 후 '도난신고증명서Police Report'를 받아둬야 한다. 경찰 신고가 불가능할 때는 목격자나 여행 가이드 등의 사실확인서가 필요하다.

⑥ 여행자보험 보험료는 어느 정도 될까?

대부분 소멸성이다. 그래서 저렴하다. 가입 기간도 짧아 보험료가 몇 천 원에서 1~2만 원 수준이다. 인터넷으로 가입하면 20퍼센트 할인해주는 보험사도 있다. 공항에는 보험사들의 여행자보험 데스크가 있어 당일 가입도 가능하다.

순식간에 당했다!
3,000달러 초간단 조달법

뜬금없이 닥치는 게 사고다. 특히 외국에서 황당한 일을 맞닥뜨리면 당황할 수밖에 없는 법이다. 가장 빈번한 게 소매치기다. 일단 소매치기 초간단 대처법은 고함지르기 신공이다. 낌새가 이상할 때는 무조건 고함부터 지르자. 큰 소리로 외쳐 주변에 도움을 청하면 된다.

만약 피해를 입었다면 무조건 경찰서로 향해야 한다. 현지 경찰서에서는 '도난신고증명서 Police Report'를 만드는 게 우선이다. 이때 물건을 '분실 lost'한 것인지 아니면 '도난 stolen'당한 것인지 명확하게 표시하는 게 중요한데, 여기서 주의할 게 있다. 도난신고증명서에 되도록 분실보다는 도난으로 기록하는 게 좋다. 보험사마다 다르지만 분실이면 보상받는 게 힘들어질 수 있고 절차가 복잡해질 수 있다. 여행자보험에 가입했다면 귀국 후 도난신고증명서를 보험사에 제출해 보상을 받으면 된다.

소매치기로 지갑까지 몽땅 분실해버린 상황이다. 이럴 때는 무조건 영사관 SOS다. 도난으로 현금이 부족할 때 영사관에서 제공하는 '신속해외송금제도'가 있다. 신청하면 총알처럼 한국 가족들에게 연락하고, 가족들에게 송금을 받은 후, 현지 통화로 전환해 3,000달러까지 즉시 지원해 준다. 복잡한 절차 없이 송금 대행 역할을 해주는 셈이다. 괜히 현지 사설 ATM을 통해 어설프게 송금받는 것보다 훨씬 나을 수 있다.

소매치기만큼 잦은 숫자는 아니지만 가끔 발생하는 게 교통사고다. 역시나 순식간에 당할 수 있는 천재지변이다. 이럴 때는 재외공관(한국 대사관 또는 영사관) 또는 영사콜센터(나라별 국제전화번호+800-2100 0404)에 연락해 도움을 청하는 게 최우선이다. 만약 여행자보험에 가입했다면 치료비 영수증과 진단서를 챙기고 귀국 후 보험사에 병원비를 청구하면 된다.

여성, 나 홀로 여행족이 명심해야 할 6계명

나 홀로 여행, 물론 좋다. 하지만 가보면 안다. 만만치 않다. 싱글 여행족을 위한 안전 여행 노하우는 그래서 반드시 알아둬야 한다.

① 첫 도착지는 무조건 안전 지역일 것

첫 도착지가 중요하다. 서유럽 쪽이면 당연히 영국이나 프랑스부터 찍어야 한다. 동유럽이나 이집트는 상당한 여행 경험과 나라별 노하우를 필요로 하는 위험한 곳이다. 첫 여행지부터 굳이 모험을 할 필요는 없다. 도착 시간도 중요하다. 목적지에는 항상 오전에 도착하도록 일정을 맞춰야 한다. 늦은 밤 시간이 항상 문제다. 쓸데없이 바가지를 쓰거나 엉뚱한 곳으로 이동하는 황당한 일을 당할 수도 있다.

② 노숙·히치하이킹은 절대 금지

'뭐 잘 곳 없으면 대충 노숙으로 때우지.' 이런 사람 많다. 사고는 항상 부지불식간에 발생한다. 노숙을 함부로 하다간 큰일을 당할 수도 있다. 돈 아끼려고 괜히 히치하이킹에 도전하는 만용도 금물이다. 여행만큼은 이걸 명심해둬야 한다. '섣부른 도전은 금물'이다.

③ 친절한 현지인을 조심할 것

기차역이나 여행지에서 친절하게 접근하는 이들은 무조건 의심해봐야 한다. 생면부지의 당신에게 뭐가 아쉬워 웃으며 접근하겠는가. 소매치기, 호객꾼, 사기꾼일 가능성이 높다. 특히 튀르키예 등지는 요주의다. 차나 음료수에 수면제를 넣어 여행자를 노리는 범죄도 종종 발생하니 주의해야 한다.

④ 택시는 무조건 뒷자리에 탈 것

남미 쪽에서는 택시 탑승도 주의해야 한다. 일단 뒷자리에 앉아야 한다. 그리스 아테네의 경우는 미터기를 켜지 않고 3~5배 바가지요금을 부르는 게 예사다. 거스름돈을 교묘하게 바꾸는 식으로 외국인 여행자를 속이는 일도 비일비재하다. 이럴 때는 괜히 놀란 척하면 안 된다. 오히려 당당하게 웃어주시라. 다 안다는 표정만 지어도 돈을 돌려준다.

⑤ 밤 10시 이후 여행은 피할 것

늦은 밤 시내 여행은 가급적 피하길 바란다. 여행자는 야간의 급변하는 현지 분위기나 거리 문화를 거의 파악하기 힘들다. 특히 기차역 주변은 밤 10시 이후에는 우범지대로 바뀔 수 있다. 빈의 서역, 로마의 테르미니역, 암스테르담의 중앙역 주변이 요주의다. 특히 여성 혼자 늦은 시간에 뒷골목을 걷는 것은 절대 금물이다. 설마가 사람 잡는다.

⑥ 거부 의사를 분명히 할 것

여행지에서 한국 여성들의 가장 큰 문제점은 자기 의사를 분명히 하지 않는다는 점이다. 영어가 짧다고 고민할 것 없다. 영어 표현이 생각나지 않는다면 당당하게 "NO"라고 말해주면 된다. 아예 우범지대에서는 현지에서 만난 한국 친구들끼리 함께 가는 것도 현명한 방법이다.

갑자기 일정 변경?
악질 가이드 처리법

해외에서 정말이지 짜증 폭발하는 경우가 있다. 패키지여행 일정이 바

뛰는 상황이다. 심지어 예고 없이. 이런 악질 가이드는 처단해야 한다.

1초 암기법

사전 고지 없이 일방적으로 일정을 변경한 경우

- 여행사의 일방적 패키지 취소 시 출발 당일 50퍼센트까지 보상이 가능하다!

'한국소비자원'에 등장한 중국 상하이 나이트 투어 일정 변경 사례를 보자.

직장인 A씨는 최근 가족들과 함께 중국 상하이로 패키지여행을 갔다가 너무 황당한 일을 겪었다. 여행사에서 줬던 일정표와 달리 현지에서 가이드가 마음대로 일정을 바꿔버렸던 것이다. 상하이의 관광 명소인 둥팡밍주東方明珠탑도 방문하지 않고, 가족들이 기대했던 나이트 투어 일정을 모두 낮에 진행했다. 상하이에서 제일 유명한 만두 가게에서 밥을 먹는 일정도 취소하고 다른 만두 가게로 데려간 것도 열받을 일이다. A씨는 가이드에게 "미리 얘기도 안 해주고 멋대로 일정을 바꾸는 게 어디 있느냐"라면서 "계속 이럴 거면 여행 요금을 환불해달라"라고 요구했는데, 가이드는 "여기는 내가 잘 아니까 그냥 따라오시라"라고 퉁명스럽게 말했다.

당연히 보상을 받아내야 한다. 먼저 '국외여행 표준약관'을 보자. 여행자의 안전과 보호를 위해 여행자의 요청 또는 현지 사정에 의해 부득이하다고 쌍방이 합의한 경우, 천재지변·전란·정부의 명령·운송·숙박 기관 등의 파업·휴업 등으로 여행의 목적을 달성할 수 없는 경우에 한해 여행 조건이 변경될 수 있다고 규정한다.

〈관광진흥법〉 시행규칙에도 가이드 일정 변경 관련 규정이 있다. 여행사가 계약서에 나온 숙식, 항공 등 여행 일정(선택 관광 일정 포함)을 변경하는 경우 해당 날짜의 일정을 시작하기 전에 여행자에게 서면으로 동의를 받아야 한다는 것이다. 서면 동의서에는 변경 일시, 변경 내용, 변경으로 발생하는 비용, 여행자나 단체의 대표자가 일정 변경에 동의한다는 자필 서명까지 필수다.

여행 전문가들은 당연히 대체 일정의 비용이 싼 경우 그 차액까지 돌려받을 수 있다고 강조한다. 심지어 여행사가 계약 조건을 위반해 소비자가 여행 도중에 다쳤다면 치료비와 위자료까지 지급해야 한다.

이런 경우도 있다. 패키지여행의 경우 여행객 수가 당초 계획보다 미달돼 출발 전에 여행사가 갑자기 여행을 취소해버리는 말도 안 되는 상황이다. 이때도 여행족들은 보상받을 수 있다. 여행사가 여행 출발일로부터 7일 전까지 소비자에게 여행 취소를 알렸다면 계약금만 환불해주면 끝이다. 만약 출발 6~1일 전에 소비자에게 통보했다면 여행 요금의 30퍼센트, 출발 당일에 통보했다면 50퍼센트를 손해배상금으로 지급해야 한다.

PART 2

초고수도 절대 말해주지 않는
'찐 여행의 비법'

- 승무원편
- 전문지편
- 찐고수편
- 변호사편
- 항공사편
- 챗GPT편
- 유튜버편

승무원편

서당 개 3년이면 풍월을 읊을 터. 이건 어떤가. 한 달 수십 편의 항공편을, 노선을 달리해 타야 하는 승무원들이라면 풍월이 아니라 꿀팁을 줄줄 읊게 된다. 승무원의 여행 패턴은 일반 여행과는 다르다. 속도전이다. 기착지에서 잠깐의 휴식기 동안 총알 투어를 하고 나와야 하니 여행 노련미만큼은 그들을 따라잡을 수 없다. 이런 극강의 고수들이 내놓는 꿀팁, 그래서 다르다. 여행 하수가 1만 시간의 법칙을 아무리 해도 따라잡을 수 없는 '꿀팁의 한끝 차이', 그 한끝을 공개한다. 써먹으시라.

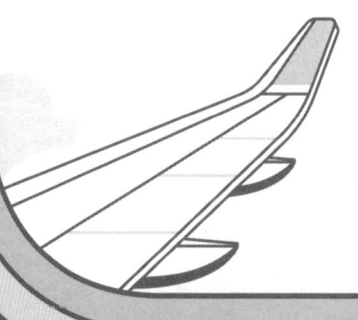

승무원만 아는
비즈니스석 공짜 업그레이드 꿀팁

　기내에서 공짜로 좌석 업그레이드받는 꿀팁, 이보다 더한 극강의 꿀팁은 없다. 가격 차이가 1.5배 이상 나는 비즈니스나 퍼스트 클래스로 좌석을 업그레이드받는데, 공짜다. 말도 안 되는 이런 일이 놀랍게도 가끔씩 일어난다. 게다가 요령도 있다.

　지금부터 눈을 크게 뜨시라. 여행 관련 정보 공유 사이트인 미국의 '트래블 앤드 레저'가 항공 승무원들의 조언을 모아 공유한 이코노미 클래스 승객의 좌석 업그레이드 꿀팁이다. 우선 승무원 출신인 캣 캐멀러니는 말한다. 용감한 자가 미녀를 쟁취하는 법, 기내에서도 마찬가지다. 적절한 때 아예 대놓고 업그레이드 의향을 밝히는 게 중요하다고 강조한다. "탑승 후에는 승무원이 할 수 있는 조치가 거의 없으니 탑승 전에 업그레이드를 요청하라"라고 말한다.

　그렇다면 어떻게? 게이트 승무원은 우선적으로 업그레이드받을 수 있는 상용 고객 리스트를 갖고 있다. 해당 항공편에 대상 고객이 없으면 업그레이드를 요청한 승객이 대신 그 행운을 거머쥘 수 있다고 한다.

　이용하는 항공사의 멤버십 업그레이드 정책을 알고 있는 것도 꿀팁이다. 캐멀러니는 "항공사의 멤버십 업그레이드 정책을 숙지해 업그레이드 받을 확률을 높이는 것도 중요하다"라고 귀띔한다.

승무원 리아 오캄포는 '친근함'이 강력한 꿀팁이라고 말한다. 승무원을 대하는 친절한 태도의 중요성을 강조한 셈이다. 리아는 "비행기의 무게와 균형에 문제가 있을 때 (기장이 직접) 승객을 뒤쪽에서 일등석이나 객실 중앙으로 이동하도록 요청할 때가 있다. 이때 친절한 미소를 짓고 있는 승객이 업그레이드에 가장 먼저 고려된다"라고 설명한다. 친근함을 표현하는 방법? 어려울 것 없다. 승무원들의 이름을 살짝 엿보고 부르는 게 다다. 리아는 "승객이 (저의) 이름을 불러 말을 걸면 존중과 인정이 느껴져 특별한 대우를 하게 된다"라며 웃었다.

또 있다. 특별한 목적이나 이유가 있는 여행이라면 반드시 승무원에게 알리는 것이다. 예컨대 이런 식이다. '아내와 30주년 결혼기념일 투어다', '신혼여행을 못 갔는데, 무려 20년 만에 강행하는 것이다' 등이다. 역시나 이런 내용을 알릴 때 핵심은 바로 친근함이다. 리아는 "특별한 이유로 여행을 하는 중이라면 게이트 승무원에게 알리라"라면서 "체크인할 때 승무원과 편안한 대화를 나누며 여행의 특별한 목적을 알리면 승무원이 업그레이드를 제공할 수도 있다"라고 조언한다.

승무원이 무조건 찜하는 기내 좌석

하늘 공중전까지 다 겪은 승무원들이 선호하는 좌석은 어디일까? 특히 장거리 비행, 이코노미 클래스라면 꼭 알아둬야 할 '기내 명당'을 소개하겠다.

① 장거리라면 무조건 뒷자리를 이용하라

내가 정리한 '장비' 공식이 있다. '장'은 '장거리', '비'는 '비수기'를 의미한다. 장거리 비행이고 휴가철이 아닌 비수기라면 무조건 뒷자리에 앉으라는 말이다. 원래 선수들(승무원들)은 뒷자리를 싫어한다. 왜? 흔들리기 때문이다. 그래서 승무원들이 피곤할 때 선호하는 좌석은 앞자리다. 그런데 정반대일 때가 있다. 장비, 즉 장거리 비수기일 때다. 상대적으로 덜 차기 때문이다. 비행기는 앞좌석부터 차례로 배정을 한다. 그러니 뒷좌석의 옆자리가 빌 확률이 상대적으로 높을 수밖에 없다. 운만 좋으면 '누워서' 갈 수도 있다. 장비 공식, 살짝 응용한 게 '단비' 공식이다. '단'은 '단거리'를 의미한다. 이 공식을 써먹는 곳은 제주도행 비행기다. 제주도행 기종은 3 : 3 열의 737이 뜬다. 아예 맨 뒷좌석을 찜하면 된다. 자주 텅텅 빈다. 40분 누워가는 게 어디인가.

② B787-9면 56열 BC를 기억하라

승무원들은 아예 비행기별 명당도 따로 외우고 있다. 3(A·B·C):3(D·E·F):3(G·H·J)열이 기본인 B787-9 기종은 좌석 수가 줄어드는 56열 옆 좌석이 최고 명당이다. 3열 자리에 2열만 있다. 좌측 창가석 기준 56열 B와 C 자리(우측 창가석 기준은 55열 G와 H)다. B747-8i(3-4-3) 기종이라면 50A와 50K 자리를 기억해두길 바란다. 비상구 뒷좌석인데, 불룩하게 튀어나온 게 살짝 불편하긴 하지만 앞이 텅 비어 있다.

③ 마법의 좌석 사이트 '시트구루'

이것저것 외우기 귀찮다면 비행기 명당을 직관적으로 알려주는 사이트만 알아두면 된다. '시트구루(www.seatguru.com)'다. 갤리 위치, 화장실 위치, 가장 편안함을 느낄 수 있는 명당자리까지 모든 배치를 한눈에 볼 수 있다. 무조건 휴대전화에 애플리케이션을 깔아두시라.

④ 이 자리만큼은 피하라

볼 것 없이 날개 옆이다. 일단 시끄럽다. 승무원들이 치를 떠는 가장 큰 원인은 기름 냄새다. 비행기는 급유 탱크가 날개에 숨겨져 있다. 간혹 기름 냄새가 난다며 컴플레인이 생기는데, 십중팔구 날개 옆자리다. 쾌적함을 원하면 날개 옆 좌석만큼은 피하시라.

이런 가방은 절대 사지 마세요! 승무원 가방 선택 꿀팁

늘 고민되는 해외여행 가방 선택, 고민할 것 없다. 캐나다의 한 승무원이 여행 가방을 고를 때 꿀팁을 소개했다. 영국 매체 〈더선〉은 최근 승무원 메건의 피해야 하는 5가지 여행 가방 유형을 소개했다. 메건은 3년간 300번 이상 비행한 베테랑 승무원이다. 현재 동영상 공유 플랫폼 '틱톡'에서 활동하고 있다. 메건의 여행 가방 소개 영상은 8만 3,000여 개의 '좋아요'를 얻으며 인기몰이 중이다.

지금부터 정리해주겠다. 피해야 할 가방 유형이다. 첫 번째는 부드러운 소재 가방이다. 메건의 지적은 이렇다. "다른 사람의 가방에 무엇이 있는지, 비행기 밑에 무엇이 있는지, 또 가방에서 무엇이 샐지 알 수 없다"라는 것이다. 결국 딱딱한 소재의 가방이나 방수 소재 가방을 사라는 게 메건의 조언이다.

두 번째는 밝은 색상 가방은 피하는 것이다. 메건은 되도록 "어두운 색상의 가방을 선택하라"라고 강조한다. 이유는 간단하다. 컨베이어 벨트에서 옮겨지다 보면 가방에 무조건 흠집이 갈 수밖에 없다. 밝은 색상 가방은 흠집이 눈에 잘 띄는 치명적인 단점이 있다. 짙은 적색이니 검정이 오히려 좋은 이유다.

세 번째는 바퀴 숫자다. 바퀴는 무조건 4개가 달린 가방이어야 한다. 메건은 "바퀴가 2개 달린 가방은 공항에서 가지고 다닐 때 불편하다"라고 꼬집는다.

네 번째는 확장 가능한 가방을 사야 한다는 것이다. 요즘 웬만한 가방들은 지퍼 형태로, 공간을 늘리는 기능이 포함돼 있다. 이 기능이 없다면 당연히 사는 것을 재고해야 한다. 메건은 "여행 중에 무엇을 가지고 돌아올지 모른다. 여행 가방에 다른 짐을 넣어야 할 것이다"라고 가방 용량을 중요한 조건으로 꼽았다.

다섯 번째가 가장 핵심이다. 비싼 것이 필요 없다는 것이다. 역시나 가성비가 중요하다. 기능이 핵심이라는 의미다.

여기서 잠깐, 메건도 모르는 국내용 팁 하나가 있다. 공항에 갔는데, 뜬금없이 여행용 가방이 고장 났을 경우다. 바퀴 파손이 대부분으로, 이럴 때 새것을 살 필요가 전혀 없다. 인천공항 제1터미널 지하 1층으로 내려가시라. 'SHOE & BAG 수리 숍Repair Shop'이 있다. 이곳 슬로건이 이렇다. "사지 말고 고쳐 쓰세요." 20여 분이면 뚝딱 고쳐준다. 잊지 마시라.

여성 전용 기내 꿀팁,
이런 게 있다고?

기내에서 여성 전용 꿀팁이다. Q&A 형태로 쉽게 정리해주겠다. 알고 가면 요긴하니 외워두자. 남성분들은? 미안하지만 없으니 참고 가길 바란다.

Q. 여성 전용 용품이 필요한 긴급한 경우에는 어떻게 해결할까?

간단한 꿀팁이 있다. '틱톡'에 소개돼 300만 명 이상이 조회한 역대급 꿀팁이다. 업로드 주인공은 '델타항공'의 승무원 조슬린 로다. 당연한 것이지만 승무원에게 부탁하면 끝이다. 쑥스럽다면 화장실의 '비밀 캐비닛'으로 가면 된다. 델타항공을 포함해 개별 항공사에는 화장실 유리창 벽에 비밀 공간을 만들어둔다. 찾는 방법도 쉽다. "For those who fly Delta, especially The Ladies..."라는 문구 아래 보통 버튼이 있다. 이걸 누르면 비밀의 문이 열린다. 그 안에 모든 게 있다. 티슈, 종이봉투, 핸드크림, 심지어 생리대까지 있으니 고르면 된다.

Q. 실버 세대 중에는 마른반찬을 직접 싸가는 분들도 있는데, 가능할까?

입맛이 안 맞는다 보니 반찬을 싸서 가는 경우가 종종 있다. 마른반찬이 아니면 절대 기내 반입은 안 된다고 알아두시라. 무조건 반찬은 위탁 수하물에 넣는다고 생각하는 게 낫다. 물이나 주류는 물론이다. 보안 검색대 자체를 통과할 수 없으니 면세점에서 사야 한다.

Q. 필수품인 화장품, 어떤 것들을 가지고 갈 수 있을까?

필요한 화장품은 소분 용기 10밀리리터 이하를 사야 한다. 총 1리터까지 가능하다. 이때 주의사항이 있다. 꼭 투명한 비닐에 넣어야 한다. 항공사 보안 요원들이 내용물을 육안으로 확인할 수 있어야 하기 때문이다.

Q. 보안 검색대에서 걸려버린 명품 화장품, 버리려니 아깝다. 이런 경우는?

맡아주는 서비스가 공항 내에 있다. 기내 반입이 금지된 물품을 공항에서 보관해주거나 택배로 보내주는 서비스다. 출국장 내 전용 접수대가 있다. 비용이 드니 꼭 필요한 경우에만 활용하면 된다.

승무원만 아는 호텔 이용 꿀팁

'물병을 굴려라.' 해외를 밥 먹듯 돌아다니는 비행기 승무원들의 호텔 이용 첫 수칙이다. 물병을 굴린다고? 차근차근 읽어보면 알게 된다.

첫 번째는 영국인 승무원 미겔 무뇨즈가 영국 매체 〈데일리 익스프레스〉를 통해 공개한 꿀팁이다. 험한 요즘 세상에 어떤 일이 일어날지 모른다. 체크인하고 들어간 호텔 방 역시 마찬가지다. 불안할 수밖에 없다. 이때 무뇨즈의 팁을 참고할 만하다. 무뇨즈의 호텔 방 수칙은 커튼 치기다. "단순한 팁이지만 외출할 때는 꼭 호텔 커튼을 쳐야 한다"라고 강조한다. 이 단순한 행위 하나가 범죄 발생 확률을 낮춘다는 설명이다. 커튼을 쳐놓으면 방 안을 확인하는 것 자체가 불가능하지만 커튼을 치지 않으면 밖에서 안이 보일 수 있다.

두 번째는 물병 굴리기다. 물병 신공을 소개한 건 'KLM 네덜란드항공'의 승무원 에스더 스터러스다. 호텔 수백 곳에 머물러봤다는 에스더는 자신의 '틱톡' 계정을 통해 호텔 검증 꿀팁을 소개해 화제를 모으고 있다. 그게 물병 신공이다. 에스더는 "누군가 호텔에 침입해 숨어 있을 수도 있다는 공포심을 느끼는 사람이라면 꼭 물병을 침대 밑으로 한 번 던져보길 바란다"라고 조언한다. 물병이 침대 반대편으로 무사히 나오면 안심하고 짐을 풀어도 좋다는 의미다. 침대 바닥에 누군가 숨어 있을 수 있기 때문이다. 반대로 물병이 반대편으로 나오지 않는다면 밑에 무언가가 있을 수 있으니 확인을 당부한다. 침대 밑이 아닌 커튼 뒤도 핵심이다. 일단 체크부터 해보는 게 좋다. 귀중품 숨기는 꿀팁도 있다. 에스더의 추천은 욕실이다. "귀중품을 욕실에 숨기는 것이 안전하다"라며 "빈 샴푸 통에 귀중품 넣기를 추천한다"라고 아무도 모르는 꿀팁이 될 수 있다고 강조한다.

24년 차 승무원의 장거리 비행 꿀팁, 기내식은 먹지 마라!

기술이 필요한 장거리 비행이다. 영국의 24년 차 베테랑 승무원 크리스 메이저가 밝힌 장거리 비행 꿀팁을 알면 도움이 된다.

① 기내식은 건너뛰라

크리스는 아예 기내식을 건너뛰길 권한다. 장거리 비행에서 좋은 컨디션을 유지하려면 기내식을 먹지 말고 휴식 시간을 최대한 확보해야 한다는 것이다. 자신의 신체 리듬을 승무원이 기내식을 제공하는 시간에 맞추지 말라는 의미다. 또한 크리스는 강조한다. 대부분 항공사는 승객의 시차와 여행 시간대를 고려하면서까지 기내식을 꺼내오지 않는다는 것이다. 차라리 승무원이 새벽 3시에 주는 기내식을 억지로 먹기보다 최대한 잠을 더 자는 게 낫다는 조언이다.

② 식사는 탑승 전에 하라

기내식 금식까지는 좋다. 그렇다면 식사는 언제 할까? 크리스는 기내식보다는 비행기 탑승 전 식사를 권한다. 탑승 전 식사 장소야 볼 것 없다. 늘 무료 음식이 준비되는 공항 라운지다. 크리스는 비행 전 식사가 여행 컨디션을 최상으로 만드는 데 효과가 있다고 강조한다. 그래도 기어이 기내식을 먹고 말겠다는 여행족이라면? "기내식을 꼭 먹고 싶다면 착륙 직전에 항공사가 아침 식사를 제공하니 그때 식사를 하라"라고 권한다.

③ 멀미가 심하다면 앞좌석을 이용하라

기내식 외의 다른 장거리 비행 꿀팁도 있다. 멀미가 심하다면 비행기의 움직임이 비교적 적은 앞쪽 좌석에 앉는 게 낫다고 조언한다. 당연한 이야기지만 수면이 중요하다면 창가 쪽이 편하다. 통로, 중간 좌석에 앉은 사람은 화장실 이용 승객으로 인해 깊이 잠들지 못할 가능성이 높기 때문이다.

④ 몸이 찌뿌둥하다면 스트레칭하라

10시간 이상 이어지는 장거리 비행이라면 4050 이상 세대는 몸이 피곤할 수밖에 없다. 장거리 비행에서 가장 중요한 건 혈액순환이다. 크리스는 "다른 승객에게 피해가 가지 않는 정도의 스트레칭은 괜찮다"라며 "장거리 비행에서 가장 중요한 건 혈액순환이다"라고 말한다. 뼈근하다면 움직이시라.

3만 피트 상공의 극한 직업, 승무원의 건강법

3만 피트 상공에서 놀랍게도 뽀송함을 잃지 않는 승무원들이다. 실제로 승무원은 극한 직업이다. 기내에서 다양한 사람들이 묻혀온 각종 세균, 기침으로 쏟아내는 각종 바이러스 등과 싸워야 한다. 세균, 바이러스와의 전쟁이 매일 펼쳐지는 셈이다. 그런데 놀랍다. 대부분 승무원은 이걸 이겨내고 건강함을 유지한다. 그래서 공개한다. 미국 잡지 〈리더스 다이제스트〉의 건강 포털 '더헬시'가 비행기 승무원들에게 물어본 건강 유지 비결이다. 이름하여 '승무원이 아프지 않는 비법'이다.

① 수분을 충분히 유지한다

개인 제트기 전세, 항공기 관리 서비스를 제공하는 미국 '알레리온항공'의 수석 객실 승무원인 테일러 스트릭랜드는 직장 생활을 하는 동안 딱 한 차례만 병가를 썼을 뿐, 결근 제로다. 그의 최고 건강 팁은 물이다. 비행 중 엄청난 양의 물을 마신다. 그는 "비행을 하면 탈수가 될 수 있고 그럴 경우 몸이 약해져 마주치는 세균과 싸우기가 더 어려워진다"라고 강조한다. '에미레이트항공'의 객실 승무원인 로렌 길포일은 "비행기 탑승에 앞서 물 1리터를 사서 비행 중에 마신다"라고 귀띔한다.

② 수돗물·커피를 피한다

확실히 수분을 유지하면서도 수돗물이나 커피 등 음료는 피하는 게 꿀팁이다. 기내 물탱크가 세균 등 미생물의 성장에 취약할 수 있다는 연구 결과도 있다. 생수를 가져와 마시거나 승무원에게 요청해야 한다.

③ 물티슈로 손을 닦는다

손의 청결은 어디서나 필수다. 물티슈나 물수건으로 손을 깨끗이 닦으면 기분도 상쾌하고 세균도 억제할 수 있다. 길포일은 젖은 물티슈 외에도 피부에 뿌리는 수분 미스트를 사용한다. 얼굴에 아르간 오일을 발라 상쾌한 상태를 유지한다고 한다.

④ 면역 체계를 돕는 보충제를 복용한다

면역을 강화해준다는 보충제(건강보조식품)도 필수다. 과학적 근거는 부족하지만 보충제를 챙겨 먹는 승무원이 적지 않다고 한다. 뭐 어떤가. 위약 효과든 아니든 건강만 하면 되니 말이다. 스크릭랜드는 보충제를 항상 복용한다고 말한다.

⑤ 비행기 표면을 소독한다

비행기의 많은 부분이 제대로 청소되지 않는 경우가 많다. 승무원 스스로 이 문제를 해결해야 한다. 물티슈 여행 팩을 갖고 다니다 비행 중에 가능한 한 많이 소독한다. 물티슈로 표면을 닦는 것으로 충분하다.

⑥ 탁자 위에 놓인 음식을 먹지 않는다

항균 물티슈를 가져와 탁자를 청소하는 게 좋지만 탁자 위에 포장되지 않은 채 놓인 음식은 먹지 않는다. '제트블루항공'의 한 승무원은 "비행기에서 가장 더러운 부분은 탁자다"라고 못을 박는다. 승객들은 끊임없이 탁자 위에 머리를 얹거나 아기의 기저귀를 간다. 심지어 그 위에 발을 얹기도 한다. 탁자 위에 노출된 음식은 소독을 해도 먹지 않는다는 게 그의 조언이다.

⑦ 주스를 만들어 마신다

스트릭랜드는 생강, 레몬 등을 재료로 주스를 만들어 마시는 걸 즐긴다.

"반짝 유행이라고 생각하는 사람도 있겠지만 다양한 영양소를 섭취하는 데 도움이 된다"라고 강조한다.

⑧ 긴장을 풀고 스트레스를 해소한다

스트레스를 받으면 건강을 해칠 수 있으므로 가능한 한 이를 피해야 한다. 길포일은 향기 요법으로 긴장을 풀기 위해 라벤더 에센셜 오일 몇 방울을 사용한다.

⑨ 카페인 섭취를 피한다

커피는 공공의 적이다. 이른 아침 비행 전에 커피 한 잔을 들고 싶은 유혹이 있을 수 있으나 흔들리지 않아야 한다. 길포일은 "카페인과 알코올은 탈수의 주요 원인이므로 피해야 한다"라고 조언한다. 대신 여행 중 수분을 유지하기 위해 과일 주스를 마시는 건 좋다.

⑩ 과일과 생채소를 먹는다

역시 과일은 만병통치약이다. 가공된 스낵 식품은 가급적 피하고 건강에 좋은 과일, 생채소를 먹는다. 몸 안의 수분을 유지하고 부기를 예방하고 건강에 좋은 항산화제, 섬유질, 영양소를 섭취할 수 있다.

⑪ 몸매 유지에 힘쓴다

어디서든 운동은 필수다. 길포일은 운동을 규칙적으로 하면 비행 중 건강을 유지하는 데 큰 도움이 된다고 말한다. 비행에 필요한 컨디션을 유지하고 시간대의 끊임없는 변화에 적절히 대처해야 하는 게 승무원이다. 비행은 극한 업무다. 인체 시계의 변화, 불규칙한 수면 패턴, 시스템을 방해할 수 있는 장거리 비행을 자주 겪는다. 양질의 영양 섭취와 꾸준한 운동은 그들에게 필수일 수밖에 없다.

⑫ 비행 직후에는 운동하지 않는다

운동은 좋지만 비행 직후는 다르다. 목적지에 도착하자마자 서둘러 체육관에 가는 게 얼핏 좋은 생각처럼 보일 수도 있으나 결코 그렇지 않다. 충분한 휴식과 수분 보충, 새로운 시간대에 적응할 시간이 없을 때 굳이 운동을 하겠다고 밀어붙일 이유는 전혀 없다.

⑬ 비행 중 낮잠을 잔다

낮잠은 보약이다. 비행 중에 짧은 낮잠이 즉효다. 활력을 유지하고 시차로 인한 피로를 피하는 데 도움이 된다. '하와이안항공'의 히더 산체스 승무원의 건강 비결도 자투리 잠이다. 여행용 목 베개, 소음 제거 헤드폰, 수면용 안대 등을 기내 반입 수하물에 넣어뒀다 필요할 때마다 꺼내 쓴다고 한다.

승무원이 말하고 싶은 6가지 비밀

'기내 담요, 과연 세탁은 한 걸까?', '기내에서 불을 끄는 이유는 뭘까?' 비행기를 타면 순간 스치는 궁금증들이다. 그러나 알려주지 않는다. 〈허핑턴포스트〉가 베테랑 승무원 애비 웅거의 입을 통해 소개한 6가지 비행기의 비밀이 있다. 웅거는 '유나이티드항공', '콘티넨털항공', 'US에어웨이스 익스프레스' 등에서 근무하다 2011년 퇴사해 은퇴 승무원을 위한 컨설턴트 일을 하고 있다. '페이스북' 친구만 수만 명에 달하는 인플루언서다.

① 기내 소등과 담요의 비밀

밤에 착륙할 때 소등하는 이유, 궁금하다. 결론부터 말하자면 사고가 일어날 경우에 대비한 것으로, 어두운 상황에서도 피난할 수 있도록 눈을 적응시키기 위한 조치다. 기내 담요는 승객들의 바람과는 대치되지만 항상 세탁한 것은 아니다. 너무 끌어안고 주무시지 말길 바란다.

② 승무원은 팁을 받을까?

나 역시 수백 번 비행기에 올랐지만 승무원 팁 주기는 한 번도 해본 적이 없다. 웅거는 이렇게 말한다. 승무원의 서비스에 감동을 받아 팁을 주고 싶다면 최소 세 번은 시도해야 한다는 것이다. "승무원의 월급은 전혀 높지 않다"라며 "항공사 측은 승객이 주는 팁을 처음에는 거절하도록 지시하고 있지만 두세 번 건네면 받을 수 있다"라고 귀띔한다. 승무원이 끝까지 거절하는데도 주고 싶다면 "직접 건네기 힘들면 봉투에 넣어 좌석에 놓고 내리라"라는 것이 웅거의 꿀팁이다.

③ 승무원도 기내식을 먹을까?

역시나 궁금한 것 중 하나다. 승무원들은 기내식을 먹을까 하는 것이다. 웅거는 "승무원들은 승객에게 기내식을 제공한 후 때때로 일등석의 남은 음식을 먹는다"라고 말한다. 또한 "제일 좋은 것은 국제선으로, 아이스크림이 많이 있다"라고 소개했다. 역시 퍼스트 클래스 기내식은 특별한가 보다.

④ 미국에서 승무원 되기 쉽다?

미국에서 승무원 되기는 한국보다 쉬울 것 같다. 하지만 케이스 바이 케이스다. 과거 '델타항공' 채용에는 400명 모집에 4만 4,000명이 몰린 사례도 있다. 〈허핑턴포스트〉의 설명이 기가 막힌다. "여기에 합격하는 것은 하버드 대학에 들어가는 것보다 힘들다"라는 것이다.

⑤ 여성 승무원의 외모 기준은?

과연 외모 기준도 있을까? 웅거가 솔직하게 고백한 여성 승무원 외모 기준은 많이 완화됐다고 한다. 진짜 오래전인 1957년, 여성 승무원 채용 조건은 까다롭기 그지없었다. 미혼과 체중 56킬로그램 미만이라고 적시돼 있다. 심지어 1970년 후반까지는 몸의 체형을 유지하기 위해 거들을 착용해야 했다고 한다. 웅거는 자신의 경험상 "최근에 항공사들은 외모에 중점을 두지 않는다"라며 "물론 보고 있으면 기분 좋아지는 외모를 원하지만 그렇다고 슈퍼 모델일 필요는 없다. 오히려 인성이 더 중시된다"라고 털어놨다.

전문지편

여행 고수들이 여권보다 먼저 챙기는 게 〈론리플래닛〉이라는 걸 아는지. 그만큼 여행 관련 전문지들의 수준은 차원이 다르다. 수십 년 여행 필드를 뛰며 현장 취재를 통해 쌓은 그들의 노하우라면 어떤가. 한 줄, 한 줄, 빼놓지 말고 꼭꼭 씹어 자기 것으로 만들어야 하는 게 그들의 꿀팁이다. 준비됐는가? 소화제 한 알 먹고 지금부터 그들의 알토란 같은 꿀팁을 꼭꼭 씹어 먹어보자.

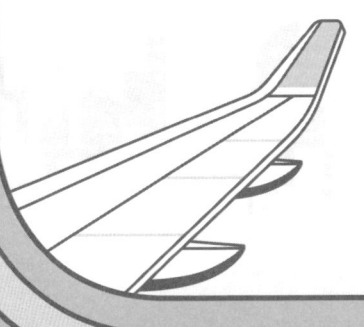

스카이스캐너
: 승무원도 숨긴다! 기내 무료 서비스

승무원들도 숨기는 기내 무료 서비스가 있다. 항공권 가격 비교 사이트 '스카이스캐너'에서 전 세계 항공사를 다 뒤져 소개한 내용이니 믿어도 좋다. 아, 요청하기 전에 스카이스캐너의 경고사항 2가지는 꼭 알아두자. 각 항공사마다 무료 서비스는 다를 수 있다. 무료 서비스라고 무조건 해달라고 고집을 부리거나 큰 소리로 컴플레인은 하지 말 것. 승무원도 사람이다.

① 구급 용품

구급 용품 키트는 무료다. 기내에서 일어나는 작은 응급 상황에 대비한 것이다. 반창고, 붕대, 위생용품 등이 들어 있다. 절대 기념품이 아니다. 응급 상황 시에만 요청해야 한다. 최근에는 해열제, 진통제, 소염제 등 기내 응급약이 구비돼 있어 증상과 상황에 따라 약을 지급받을 수 있다.

② 기내식 추가

기내식을 먹은 후 또 달라고 할 수 있을까? 원칙은 안 된다. 기내식은 승객의 기내식 예약 수에 맞게 준비된다. 다만 틈새가 있다. 특히 늦은 밤이다. 기내식 분배가 마무리된 후 분위기를 본다. 당연히 기내식을 건너뛰고 주무시는 승객이 많다. 심지어 비즈니스와 퍼스트 클래스에서 남는 기내식을 주는 곳도 있다. 물론 가끔 운 좋을 때 일어나는 일이다. 정중하게 요청하라.

③ 조종실 방문

수백만 원을 주고도 경험할 수 없는 대박 행운이다. 물론 법적으로 승객들은 조종실에 들어갈 수 없게 돼 있다. 그러니 큰 기대는 하지 말 것. 특히 9.11 테러 사건 후로는 더더욱 엄격해졌다. 스카이스캐너의 팁은 이렇다. 만약 착륙이 제시간에 이루어졌다면, 모든 탑승객이 내렸을 때 아이와 함께 살짝 양해를 구한다면, 의외로 흔쾌히 보여줄지도 모른다는 것이다.

④ 어린이용 엔터테인먼트

일반적으로 승무원들은 승객들이 처음 탑승할 때 어린이용 색칠 공부 세트, 스티커 그리고 작은 어메니티를 제공하는 라운딩을 한다. 만약 이 과정이 없었다면 직접 승무원들에게 문의를 해도 된다. 항공사별로 다양한 어린이용 엔터테인먼트 키트가 준비돼 있다. '에미레이트항공'은 어린이를 위한 종이 블록과 종이접기, 색연필 등 다양한 키즈 팩을 구비하고 있다.

⑤ 공짜 생일 케이크

역시나 몰라서 그냥 지나치는 서비스, 공짜 생일 케이크다. 생일자라면 당당하게 요청하면 된다. 손바닥만 하기는 해도 그게 어딘가. 무료 케이크라는데. 기내식이 나오기까지 한참 남았는데, 출출하다면 간식을 요청해도 된다. 승무원들에게 견과류나 프레첼과 같은 스낵을 달라고 정중히 물어보라. 음료 서비스가 끝나면 가져다준다. 한국에서 출발하는 장거리 항공편은 기내 전등이 다 꺼질 때 컵라면을 제공하기도 한다.

⑥ 나이트 키트

이 역시 의외로 모르는 사람이 많다. 나이트 키트, 편히 자고플 때 사용하는 도구들이다. 당연히 무료로 준다. 기내에서 오래 신발을 신고 있으면 발이 부어 힘들다. 하지만 맨발로 있고 싶지는 않을 때 양말을 달라고 요청하자. 항공사마다 승객들의 편안한 수면을 위해 트래블 키트에 슬리퍼를 제공하기도 하며, 안대와 귀마개도 따로 구비하고 나눠 준다. 개인 담요와 목베개가 구비돼 있는 항공사도 있다.

⑦ 세면도구 & 뷰티 키트

입 냄새, 그리고 잇새에 음식물이 낀 채로 목적지에 도착하고 싶지는 않을 것이다. 장거리 승객들이 상쾌한 기분으로 나갈 수 있도록 일회용 칫솔과 치약이 들어 있는 어메니티를 제공한다. 세면도구를 이용해 상쾌한 여행길을 떠나보자. 퍼스트 클래스, 비즈니스 클래스 승객의 경우에는 명품 브랜드가 담겨 있는 뷰티 키트를 증정해준다. 항공사별로 개성 있는 디자인의 어메니티 파우치와 함께 스킨&로션, 크림, 바디로션 등의 화장품과 함께 세면도구가 들어 있다. '대한항공'은 미국 '다비' 키트를 준다. 한진 제주 퓨어 워터로 만든 고급 워터 미스트는 '머스트 잇 아이템'으로 꼽힐 정도다. '델타항공' 비즈니스 클래스의 경우에는 '투미', '키엘'과 협업한 브랜드로 트래블 키트를 선물한다. 투미 파우치에 키엘 립밤과 바디로션, 가글액, 귀마개 등이 포함된다.

한국관광공사
: 신혼여행 절대 사기 안 당하는 체크리스트

기자인 나에게 쏟아지는 제보 1순위가 사기다. 특히 '단꿈' 신혼여행 피해는 마음이 아프다. 그래서 소개한다. 안전한 신혼여행을 위한 체크리스트 5가지다. '한국관광공사'가 엄선한 리스트니 필히 점검하시라.

① 영업보증보험 가입 여부는 보고 또 볼 것

결국 사기를 치는 주체는 여행사다. 보기에 번듯하니 속을 수밖에 없다. 대부분 피해 사례는 취소다. 여행 업체 부도나 일방적인 예약 변경으로 인한 것이다. 이럴 때 점검해야 하는 게 여행사가 '영업보증보험'에 가입했는지 여부다. 가입해 있다면 보증보험 금액과 내용도 꼼꼼히 살펴봐야 한다. '여행정보센터(tourinfo.or.kr)' 사이트나 여행사 관할 구청을 통해 자세한 내용을 체크하면 된다.

② 환불 규정·국외여행 표준계약서를 확인할 것

신혼여행 떠나기 한 달 전이다. 별안간 항공편과 호텔이 여행사 임의로 변경된 사실을 알았다면 어떻게 해야 할까? 여행사 독단으로 인한 일방적 예약사항 변경이라면 계약금 전부를 돌려받을 수 있다. 하지만 모든 게 딱딱 맞아떨어지는 건 아니다. 이때 필요한 게 여행사와 계약을 하면서 작성한 '국외여행 표준계약서'다. 분쟁 때는 이것이 증거자료가 된다. 확실히 챙겨두자.

③ 면세 한도와 면세품 구입 한도를 구별할 것

신혼여행 시 또 다른 즐거움은 쇼핑이다. 이때 헷갈리는 면세 한도와 면세품 구입 한도다. 면세품 구입 한도는 국내 면세점에서 내국인 1인당 구입을 제한하는 제도다. 무분별한 과소비 억제책이다. 2022년 3월 18일 이

후 제한이 없어졌다. 면세 한도는 다르다. 국내외 어느 면세점이든 구입처를 불문하고 귀국 때 1인당 800달러까지만 허용하는 것을 말한다. 당연히 면세에 대한 개념도 달라진다. 면세품 구입 한도에서 말하는 면세는 부가가치세 등을 면제하는 것이고, 귀국 시 면세 한도에서 말하는 면세는 관세 면제다. 면세품 구입 한도 내에서 전액 면세된다고 판단하는 게 가장 잦은 오해다. 이 때문에 면세 한도 초과분에 대해 자진 신고하지 않는 사례가 많다. 한도 초과분을 신고하지 않으면 30퍼센트 가산세를 포함한 관세를 부담해야 한다.

④ 현지 치안 정보와 응급 연락처를 기억할 것

신혼여행 기간이 길면 질병에 주의해야 한다. 자세한 나라별 질병 정보는 '질병관리청(www.kdca.go.kr)' 사이트에서 얻을 수 있다. 여행을 가는 나라별 안전 상태는 '외교부 해외안전여행(www.0404.go.kr)' 사이트의 '여행경보안내' 단계를 통해 확인하면 된다.

⑤ 여행 일정을 주변 사람들에게 알릴 것

외교부에서 제공하는 해외여행등록제 '동행'을 통해 여행 일정을 미리 등록하는 게 가장 현명하다. '외교부 해외안전여행' 사이트에 접속해 신상 정보, 한국 비상 연락처, 현지 연락처, 여행 일정 등을 등록해두면 끝이다. 위급 상황 발생 때는 자동으로 연결된다.

뉴욕타임스
: 천재지변도 된다고? 스마트한 환불 비법

늘 논란이 되는 게 천재지변으로 인한 보상과 환불이다. 과연 환불이 될까? 천재지변의 정도는 어디까지일까? 〈뉴욕타임스〉가 정리한 내용이 있으니 참고하자.

① 호텔과 항공사 방침 확인하기

각 호텔과 항공사마다 환불 방침이 다르다. 일부 호텔의 경우 '허리케인 개런티'라는 정책이 있다. 이 조항은 만약 허리케인으로 호텔 예약을 취소해야 할 때 전액 환불을 해주거나 추가 비용 없이 1년 내에 재예약을 할 수 있다는 내용이다. 일부 항공사들도 허리케인으로 운항이 취소되면 취소수수료 없이 다시 예약을 해준다.

② 여행자보험 미리 가입하기

허리케인 피해를 줄일 수 있는 가장 좋은 방법은 여행자보험에 가입하는 것이다. 여행자보험은 예측하지 못한 허리케인이나 자연재해로 인해 비행기나 호텔 등 여행 일정이 취소될 경우 이를 보상해준다. 다만 허리케인이 이미 예상됐거나 알려진 후 여행자보험에 가입했을 경우에는 보험금이 지급되지 않는다.

③ 크루즈 여행에는 추가 보험 가입 필요

크루즈의 경우 출항 도시까지 가는 항공편 결항, 연착 등의 문제가 발생할 수 있기 때문에 여행자보험 가입이 더 필요하다. 혹시나 허리케인으로 인해 보트를 놓칠 수 있어 크루즈 탑승지까지 어떻게 갈지 고민해봐야 한다. 가입한 보험약관에 따라 다른 항구에서 크루즈에 합류해야 할 경우 추가 비용을 보상해주기도 한다.

④ 중요 서류는 사본으로 챙겨두기

대부분의 여행자는 여행 중 여권이나 신분증, 운전면허증 같은 중요한 서류를 소지하고 다닌다. 비상 대피 상황에서는 이런 서류가 손상되거나 분실될 가능성이 높다. 그러니 개인정보가 담긴 중요한 서류는 사본으로 갖고 다니되, 사본을 잃어버릴 경우를 대비해 백업용으로 개인 이메일이나 클라우드에 보관해두면 좋다.

에어비앤비
: 가족 장기 여행, 진짜 잘하는 꿀팁

'에어비앤비'가 공개한 가족 여행 고수들의 행복한 여행 비법도 알아두자. 전 세계 230만 개 이상 등록된 가족 친화적인 에어비앤비 숙소에 머물렀던 한국, 호주, 중국, 프랑스, 영국 등 13개 나라의 다양한 가족 여행 고수들의 경험이니 신뢰해도 좋다.

① 한 숙소에 머문다면 3~4일

항공편과 첫 숙소는 미리 예약하는 게 좋다. 한 숙소에 머무르는 골든타임도 있다. 평균 3~4일이다. 첫 숙소를 예약한 후 다음 숙소도 1~2주 전에 미리 예약하는 것도 중요한 팁이다. 특히 온 가족이 함께 에어비앤비 숙소를 선택하는 경우가 많다. 숙소 선정은 세탁기, 인터넷, 충분한 공간 같은 가족 친화적인 편의 시설을 갖췄느냐도 중요하지만 위치가 핵심이다. 관광지뿐만 아니라 공원, 대중교통과 가까운 거리에 자리한 곳인지 염두에 둬야 한다. 또한 짐을 가볍게 해야 하는 장기간의 가족 여행 일정에서는 숙소가 아이들에게 안정감을 줄 수 있어야 한다.

② **목적지는 어디로**

목적지를 어디로 정할 것인가도 핵심이다. 가족 여행이라는 특성상 계획과 즉흥성이 균형을 이루는 목적지를 정하는 것이 좋다. 조사 결과 전 세계적으로 가족 여행자들이 가장 많이 찾는 나라는 미국과 영국, 나머지는 프랑스, 이탈리아, 스페인, 일본, 캐나다, 크로아티아, 독일, 뉴질랜드 순이다. 역사, 문화유산, 자연경관을 기준으로 목적지를 정하기도 하고 예산, 접근성, 날씨가 중요한 기준이 되기도 한다.

③ **일정은 어떻게**

일정 짜는 일도 중요하다. 아이 동반 여행에서 가족들이 동의하는 원칙은 바로 유연한 태도와 단순하고 무리 없는 일정이다. 대부분의 가족들은 새로운 여행지로 이동할 때 첫날은 동네 마켓에서 장을 보고 걷거나 자전거를 타는 등의 방법으로 숙소에 적응하는 시간을 갖는다. 가장 좋은 정보원은 에어비앤비 호스트로, 이들과 친해지는 시간을 가지면 더욱 특별한 여행이 될 수 있다.

허핑턴포스트
: 여행 망치는 나라별 '괴상한 법' 총정리

여행지에서 무심코 한 행동이 당신을 곤경에 빠뜨린다면? 망신살 안 뻗치려면 관련 법을 제대로 알고 가야 한다. 〈허핑턴포스트〉가 여행을 망치는 나라별 괴상한 법 리스트를 공개한 게 있다. 꼭 알아두시라. 다만 해당 법은 시기별로 바뀔 수 있다.

[여행 관련 법]
① 베네치아에서 비둘기에게 모이 주기

베네치아의 산마르코 광장의 애칭은 '비둘기 광장'이다. 비둘기 떼 인증샷 하나로 뜬 곳이다. 슬슬 몸이 근질근질해진다. 새우깡 던져주던 갬성의 대한민국인이라면 모이를 주고 싶어진다. 여기서 잠깐, 베네치아는 비둘기가 너무 많이 모이자 위생상 이유로 모이 주는 것을 금지했다. 비둘기들은 조각상들을 파괴하고 청소할 거리를 만들기 때문에 모이를 줬다가는 벌금을 물 수도 있다. 새똥은 맞아도 된다. 이건 행운으로 간주되니까.

② 싱가포르에 껌 가져가기

싱가포르가 껌을 불법화한 게 1992년이다. 껌은 무해하다. 하지만 싱가포르 정부는 금지 조치 전까지 껌 자국 제거와 껌으로 인한 손상 복구에 매년 약 10만 6,000달러를 썼다고 한다. 껌을 가지고 입국하거나 팔다 적발되면 벌금형, 심지어 금고형까지 받을 수 있다. 껌 짝짝 씹다 자칫 인생 망칠 수 있는 게 싱가포르다.

③ 몰디브에 성인 잡지와 알코올 가져가기

몰디브를 신혼여행지로만 아는 독자분들은 주목하시라. 몰디브는 놀랍게도 이슬람 국가다. 물론 이를 아는 사람들은 이슬람 경전에 배치되는 《성경》 지참이 금지된다고 알고 있다. 일단 이건 아니라는 것부터 알자. 작은 조각품 같은 종교적 우상만 세관에서 금지하고 있다. 다만 무조건 금지 항목이 있다. 포르노와 알코올이다. 섹스 토이도 안 된다. 면세점에서 산 술도 마찬가지다. 망신스러운 짐 검색에 벌금형까지 받을 위험을 감수하기 싫으면 이런 것들은 가져가지 마시라. 아, 비키니도 벌금형이다.

④ 파리나 마드리드에서 지하철 표 버리기

무심코 던져버리는 지하철 표, 이게 사람 잡을 수 있다. 늘 문제가 되는 건 일회용 표다. 이걸 산 후 지하철을 탄 다음, 나갈 때 필요하다는 걸 모르고 버리는 경우가 있다. 지하철에 타고 나면 표는 쓸모없어 보일 수 있지만 목적지 역에서 나갈 때 무임승차를 하지 않았다는 걸 증명할 때는 무조건 필요하다. 이런 경우를 막으려면 일회용 표 대신 일주일짜리나 여러 번 쓸 수 있는 표를 사는 게 좋다. 일회용 표를 버리거나 잃어버렸을 때 무는 벌금은 상당하다.

⑤ 에어비앤비 사용하기

놀랍다. '에어비앤비' 사용이 불법인 나라가 있다. 〈허핑턴포스트〉가 나라별 괴상한 법 리스트를 공개할 당시 예로 든 곳이 뉴욕, 산타 모니카, 파리 등지인데 2023년 엔데믹 시기에는 많이 완화된 편이다. 뉴욕은 여전히 숙박 공유 규제법을 시행하고 있지만 에어비앤비에 등록된 숙박업 수가 4만여 개에 달하고 있다. 이탈리아 피렌체는 '신규' 단기 주택 임대를 금지하고 있다. 현재 사용 중인 단기 임대 주택은 그대로 두지만 새롭게 주택을 관광객 숙소로 사용하는 일은 불가능하다는 의미다. 〈허핑턴포스트〉는 정말 급하다면 '호텔투나잇' 같은 애플리케이션을 사용해보라고 권한다. 마지막 순간까지 비어 있는 호텔 방을 채우는 애플리케이션이다.

⑥ 두바이와 아부다비에서 키스하기

아랍에미리트를 방문하는 여행자들은 서구 나라들과는 풍기에 대한 법이 아주 다르다는 걸 알아둬야 한다. 연인과 공개 장소에서 키스하거나 만졌다가는 2013년의 영국 커플처럼 감옥에 가게 될 수도 있다. 싱딩한 벌금도 물 수 있으니 두바이나 아부다비를 둘러볼 때는 손과 입술을 잘 간수하자. 괜히 연인과 뜨거워졌다가는 감옥행 감수도 있다.

[황당한 법]

이참에 세계 각국의 황당한 법도 알아두자. 영국 일간지 〈데일리 메일〉은 실제 적용되고 있는 세계의 법령 등을 모아놓은 사이트 'DumbLaws' 등을 인용해 기상천외한 법을 모아 소개한 내용이다.

① 전구 교환은 자격 있는 전기 기사만 할 수 있다

호주 빅토리아의 황당한 법이다. 전구도 마음대로 못 갈아 낀다. 안전을 고려해 정식 교육과정을 통과한 전기 기사만이 전구를 갈아 끼울 수 있도록 하고 있다. 이를 어기면 10호주달러(한화 약 9,000원)의 벌금을 내야 한다.

② 언제나 웃는 얼굴이어야 한다

말도 안 된다. 대표 여행지 이탈리아 밀라노의 황당한 법이다. 이건 정말이지 황당하다. 웃는 얼굴 강조라니. 장례식이나 병원을 찾을 때를 제외하고 웃는 얼굴이 아니거나 찌푸리는 표정을 짓다 발각되면 무거운 벌금형에 처할 수 있다고 한다.

③ 목요일 오후 6시 이후 공공장소에서 방귀를 뀌면 안 된다

방귀도 마음대로 못 끼는 도시가 있다. 미국의 플로리다주다. 방귀 타임이 정해져 있다. 오후 5시 59분까지는 상관없다. 하지만 오후 6시부터는 공적불법방해, 즉 일반 대중에게 해를 끼치는 행위를 방지하기 위해 이 같은 법을 제정해두고 있다. 신호가 와도 오후 6시 이후라면 무조건 참아야 산다.

④ 국회의사당에서 죽는 것은 불법이다

2007년 '영국에서 가장 터무니없는 법'으로 꼽힌 항목이다. 발표 직후 '기본적인 법적 지식조차 찾아볼 수 없는 법'이라는 비난을 받았던 놀라운 조항이다.

⑤ 다른 사람의 햄버거를 베어 무는 것은 불법이다

미국 오클라호마주의 법이다. 황당하지만 일리는 있어 보인다. 나라도 햄버거를 먹고 있는데, 누가 덥석 뜯어간다면 한 대 치고 싶어질 것 같다.

⑥ 라디오 프로그램이 선곡한 노래 5곡 중 1곡은 반드시 캐나다인이 부른 노래여야 한다

애국 방송 스타일이다. 그럴 수도 있다고 본다. 우리도 정부 산하 '국악방송' 라디오 같은 곳은 7:3의 비율로 전통 국악을 틀고 있다.

⑦ 비만은 법적으로 금지한다

아, 일본에서 살아야 하는 걸까. 일본에서는 비만을 법적으로 금지하는 조항을 포함시킨 게 2009년이다. 스모 선수를 제외하고 40세 이상의 성인 남성은 허리 사이즈가 31인치, 여성은 35인치를 넘어서는 안 된다는 규정까지 있었다고 하니 놀랄 노자다.

⑧ 밤 10시 이후에는 화장실 물을 내려서는 안 된다

이거야말로 황당하다. 밤 10시 이후 화장실 물을 못 내린다니. 응가도 참아야 하는 나라가 스위스다. 스위스 정부는 소음으로 인한 이웃 간의 다툼 문제를 해결하기 위해 아파트에서 밤 10시 이후에는 화장실 변기를 내리지 못하는 법안을 통과시켰다고 한다.

⑨ 아내는 남편의 허락 없이 머리를 잘라서는 안 된다

미국 미시간주의 황당한 법이다. 아내의 머리카락까지도 남편 소유에 속하기 때문에 머리를 자르기 위해서는 반드시 남편의 허가가 필요하다는 것이다. 이 법은 제발 없어졌길 바란다.

⑩ 휘발유가 떨어질 때까지 차를 모는 것을 금지한다

만약 독일의 아우토반에서 차를 몰고 가다 기름이 다 떨어졌다면 벌금 11만 원가량을 낸 후 차를 갓길에 세우고 목적지까지 걸어가야 한다. 다른 차들을 위험에 빠뜨릴 수 있기 때문이다.

[황당한 법 번외편]

번외편이다. 미국 보스턴에는 '의사의 처방을 받지 않고 목욕하는 것은 위법', 아이오와주에서는 '5분 이상 키스하는 것은 위법', 웨스트버지니아주에서는 '어린이가 양파 냄새를 풍기며 학교에 가는 것은 위법'이다. 덴마크에는 '탈옥은 불법이 아니며 탈옥 도중 잡혀도 형이 추가되지 않는다' 등의 황당한 법규가 있다. 아이오와주만큼은 피해야 할 것 같다.

스마트 트래블러
: SOS 해외여행 사고 대처법

뜬금없이 닥치는 게 사고다. 특히 외국에서 황당한 일을 맞닥뜨리면 당황할 수밖에 없다. 그래서 준비했다. 해외여행 때 닥치는 대표적인 6개 분야 사고 대처법이다. '한국관광공사'가 여행 고수 5인의 이야기를 종합해 〈스마트 트래블러〉 웹진을 통해 공개한 내용이니 꼭 숙지해두길 바란다.

① 소매치기

뭔가 낌새가 이상할 때는 고함부터 질러야 한다. 큰 소리로 외쳐 주변에 도움을 청한다. 피해가 있을 때는 가까운 경찰서로 향하고, 현지 경찰서에서 '도난신고증명서Police Report'를 만드는 게 우선이다. 이때 물건을 '분실lost'한 것인지 아니면 '도난stolen'당한 것인지 명확하게 표시하는 게 중요하다. 분실이면 보상받기가 힘들다. 여행자보험에 가입했다면 귀국 후 도난신고증명서를 보험사에 제출해 보상을 받으면 된다.

② 위탁 수하물 분실

역시 자주 일어나는 사고다. 일단 공항에서 짐을 받지 못했다면 '수화물 확인표Baggage Claim Tag'를 갖고 공항 수하물 분실 신고소Baggage Claims 또는 최종 도착지 공항에서 해당 항공사 직원을 찾아가 수하물 사고 신고서 Property Irregularity Report를 작성하면 된다. 당일 찾지 못한다면 꼭 해당 항공사에 수하물 지연 보상금Out of Pocket Expenses; OPE을 요구해야 한다.

③ 교통사고

재외공관(한국 대사관 또는 영사관) 혹은 영사콜센터(나라별 국제전화번호 +800-2100-0404)에 연락해 도움을 청하는 것이 우선이다. 만약 여행자보험에 가입했다면 치료비 영수증과 진단서를 챙기고 귀국 후 보험사에 병원비를 청구하자.

④ 상해 발생

레저를 즐기다가 혹은 벌레에 물려서도 상해가 발생할 수 있다. 상해가 발생해 병원을 이용할 때 언어가 통하지 않는다면 한국관광공사의 '저스트 터치 잇' 애플리케이션을 다운받아 활용하자(현재 이 서비스는 종료됐다. 대신 해외에서 맞닥뜨릴 수 있는 위기 상황별 대처법은 '해외안전여행 국민외교' 애플리케이션의 '위기상황별 대처매뉴얼' 서비스를 참고하면 된다).

⑤ 지진

여행 중 지진을 만났다면 차분하게 행동하는 게 우선이다. 거리나 밖에 있다면 가방이나 옷을 이용해 머리를 보호하고 가까운 공터로 피한다. 다만 건물 주변은 피해야 한다. 유리나 간판이 떨어질 염려가 있어서다. 해변이라면 연이어 쓰나미가 발생할 가능성이 높기 때문에 신속하게 높은 지대로 대피해야 한다.

⑥ 대규모 시위 또는 분쟁

군중이 몰린 곳은 피해야 한다. 무력 충돌이나 폭력 사태로 이어질 가능성이 있을 시에는 긴급 출국하는 것이 좋다. 출국이 불가능하다면 재외공관(한국 대사관 혹은 영사관) 혹은 영사콜센터(나라별 국제전화번호+800-2100-0404)에 여행자 소재와 연락처를 상세히 알려 비상시 정부와 소통이 가능하도록 해야 한다.

위키트리
: 해외 배낭여행족을 위한 생존 매뉴얼

배낭여행은 일반 패키지여행과는 차원이 다르다. 혈혈단신 홀로 버텨야 한다. 그러니 알아둬야 할 팁도 남다를 수밖에 없다. 휴가철 해외 배낭여행족을 위한 꿀팁, 마침 '위키트리'가 제대로 정리해놓은 리스트가 있으니 꼭 외워뒀다 써먹자.

① 현금은 3등분해 따로 보관할 것

현금 관리 첫 번째 원칙이다. 환전해간 현금은 각각 나눠 보관해야 한다. 간혹 예기치 않은 강도 사건을 당하더라도 편하게 한 움큼 떼어 주면 된다. 보관 장소가 달라야 하는 건 말할 것도 없다.

② 도난 방지용 자물쇠를 준비할 것

배낭여행족들이 묵는 숙소는 십중팔구 유스호스텔이나 게스트 하우스다. 당연히 1인실 또는 2인실이 아니라 다인실이 대부분이다. 함께 묵는 외국여행족이라고 안심하다 큰코다친다. 자신이 눕는 침대와 가져간 배낭을 묶어둘 수 있는 자물쇠는 필수품이다. 잠을 자는 동안 침대 다리와 가방을 꽉 묶어두는 게 안전하다.

③ 공항에서 짐을 운반해달라고?

잊을 만하면 등장하는 뉴스 속 사건이다. 공항에서 행여 낯선 이들이 짐을 잠깐만 운반해달라고 요청해온다면 마약일 수 있으니 주의해야 한다. 기차역이나 공항에서 낯선 이들이 이유 없는 호의를 베풀 때도 조심해야 한다. 짐을 들어준다며 호의를 베풀다 불쑥 돈을 요구하는 날강도가 흔하다.

④ 만약의 사태에 대비해 중요 서류는 복사할 것

내 휴대전화 사진 보관함에 항상 담겨 있는 것들이 있다. 여권과 신분증 사본이다. 그리고 여행을 갈 때는 항공권도 일단 찍어서 보관해둔다. 나중에 기념으로 남겨둘 수도 있는 데다 원본을 잃어버렸을 때 요긴하게 쓸 수 있기 때문이다. 신분증용 사진도 배낭여행 갈 때는 챙겨가는 게 좋다.

⑤ 숙소는 역에서 멀지 않은 곳에 잡을 것

숙소가 역에서 멀어질수록 이동할 때 그만큼 위험에 노출될 수 있는 시간이 걸어진다고 보면 된다. 역 근처나 공항 근처 현지 한인이 운영하는 민박을 활용한다면 보다 안전하게 숙소를 이용할 수 있다.

⑥ 현지인을 위한 토종 기념품을 준비할 것

홀로 떠난 배낭여행 때 갑작스럽게 현지인에게 도움을 받는 일이 생긴다면? 당연히 감사 표시를 해야 한다. 이럴 때 난감하다. 간혹 여행지에서 친해진 외국인에게도 선물할 일이 생긴다. 이때 요긴한 게 한국 전통 열쇠고리나 그림엽서 같은 토종 기념품이다. 챙겨가시라.

⑦ 카우치서핑·에어비앤비를 100퍼센트 신뢰하지 말 것

배낭여행족 숙소 1순위 해결사가 '카우치서핑'이나 '에어비앤비' 같은 숙소 공유 서비스다. 물론 유용하다. 현지인 집에서 묵을 수 있고 문화까지 익힐 수 있으니 일거양득이다. 하지만 100퍼센트 신뢰하지는 마시라. 이걸 이용한 범죄 사례가 심심치 않게 등장하고 있다. 당연히 예약 전에 댓글을 보고 묵을 집에 대한 신뢰도를 미리 알아둬야 한다. 조금이라도 미심쩍다면 싸다고 덥석 물지 마시라.

찐고수편

재야에 파묻혀 그들만의 노하우로 여행 서비스를 유유자적 누리는 이들이 있다. 이름하여 찐고수. 겉으로 드러난 승무원이나 항공사 같은 고수들과 달리 이들의 꿀팁은 그야말로 실전을 통해 쌓여진 것들이다. 심지어 그들의 실전 경험을 그대로 따라 하면 되니 어려울 것도 없다. 날 것 그대로 횟감처럼 톡톡 튀는 그들의 여행 꿀팁을 추렸다. 갓 건져냈으니 살아있을 때 서둘러 드셔보시길.

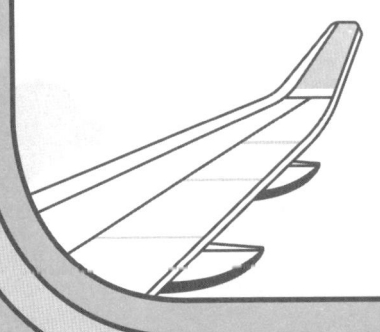

2,300만 마일 여행한 찐고수의 기내 VIP 대접받는 '안면 신공'

"He has flown 23 million miles. Here are his travel secrets." 〈워싱턴포스트〉 기사 한 대목이 여행가에서 화제가 된 적이 있다. '그는 2,300만 마일을 비행했다. 여기에 그의 여행 비법이 있다'는 제목의 기사다. 이 사람이야말로 찐고수 인정이다.

주인공은 미국 뉴저지주의 한 자동차 대리점에서 일하는 69세의 톰 스투커다. 33년 전에 산 비행기 평생 이용권으로 2,300만 마일, 무려 약 3,700만 킬로미터를 비행한 실전 최강 고수다. 달과 지구를 48번 왕복하며 터득한 실전 신공이니 믿고 적용해보시라.

그와 비행의 인연은 1990년으로 거슬러 간다. 29만 달러, 당시 환율로 한화 약 2억 8,000만 원을 지불하고 미국 '유나이티드항공'의 평생 항공권을 사면서 시작된다. 〈워싱턴포스트〉는 그를 '술탄(이슬람 정치 지도자)'에 비유한다. 마일리지로 전 세계 초특급 호텔과 초럭셔리 레스토랑을 다 섭렵하며 "마일리지로 술탄처럼 살았다"라는 게 평가다.

그가 소개한 VIP 대접 핵심 비결은 한마디로 '안면 신공(아는 척하기)'이다. 쉽게 말해 '승무원에게 만난 척하기'다. 이 신공만 익히면 기내에서 무조건 VIP 대접을 받는다는 것이다. 심지어 공짜 업그레이드도 가능하다는 게 그의 설명이다. 이를 위해 그는 선의의 거짓말하기를 강조한다. 비행기 문 앞에서 마주친 승무원에게 '지난번 서비스에 감사했다'며 대놓고 거짓말을 하라는 것이다. 그럼 그때부터 승무원의 눈빛이 달라진다. 모든 종류의 공짜 서비스를 제공한다고 귀띔한다. 양심이 약간 찔리지만 뭐 어떤가. 초특급 대우를 기내에서 받을 수 있다는데.

여행사 직원만 쓴다! 반값 티케팅 실전 비법

여행의 달인 꿀팁 2탄이다. 이번에는 여행사 직원들이 항공권을 싸게 끊고 싶을 때 활용하는 알뜰 필살기다. '하나투어', '모두투어'와 함께 '여행박사' 직원들에게 도대체 여행사 직원들은 어떻게 싼 항공권을 끊어 여행을 가는지 단도직입적으로 물었다. 그런 협박 질문 끝에 나온 비법 3가지다. 벤치마킹만 잘 하면 돈 버는 꿀팁이다.

① 패키지여행 상품에 조인해 단체 할인 효과를 누리라

 기발하다. 아니, 끝내준다. 잘 보고 따라 하라. 항공권을 단체로 끊으면 값이 싸진다는 건 누구나 안다. 여행사 입장에서는 구입 인원이 많으니 요금을 할인해주는 것이다. 많게는 10~20퍼센트까지 싼 경우도 있다. 여기서 팁이다. 혼자 가거나 소수의 가족이 간다면 단체 항공권은 그림의 떡이다. 이럴 때 이 그림의 떡을 먹는 방법이 있다. 패키지여행 회사에서 팔고 있는 상품에 항공권만 '조인join'을 해서 마치 단체처럼 기존 예약자와 묶여 단체 항공권으로 살 수 있는 것이다. 다만 패키지여행 일정과 동일하게 항공 스케줄이 짜여지는 건 각오해야 한다. 당연히 출발 시간과 귀국 시간 변경도 어렵다. 하지만 싸다. 물론 일정액을 추가한다면 최대 15일까지 항공권을 연장해 사용할 수도 있다.

② 저비용항공 특가 찬스를 노리라

 두말 필요 없다. 무조건 싼 게 좋다면 저비용항공사의 특가 항공권을 잡아야 한다. 사이트가 다운될 정도로 많은 인원이 몰렸던 '진에어' 특가 항공권 예약 같은 프로모션은 눈만 크게 뜨면 쉽게 찾아볼 수 있다. 물론 예약은 하늘의 별 따기다. 이럴 때는 부지런해야 한다. 평소 원하는 여행지의 주력 저비용항공사 홈페이지를 종종 접속해보는 게 가장 좋은 노하우다. 지역별로도 저비용항공사들이 주력으로 미는 특가 항공권이 거의 정해져 있다. 도쿄는 '바닐라에어', 필리핀은 '에어아시아 제스트'와 '세부퍼시픽항공' 등이다. 이들 항공사는 회원을 대상으로 프로모션 안내 메일을 미리 보내주기도 한다.

③ 여행사와 항공사 SNS 등록, 나만의 비서로 만들라

여행을 싼 가격에 떠나고 싶은 욕망은 식욕, 수면욕 다음일지도 모른다. 싼 항공권 찾기는 사실 보통 일이 아니다. 눈을 부릅뜨고 웹서핑을 할라치면 정작 자신이 떠나려는 날은 선뜻 사기 부담스러운 항공권뿐이다. 이럴 때는 스스로 알려주는 '항공권 찾아주기 비서'를 두면 된다. 비서라니, 너무 거창한 것 아니냐고? 아니다. 간단하다. 각 여행사와 항공사에서 운영하는 SNS에 가입만 하면 된다. '페이스북'이나 '인스타그램'에 시일이 급한데 갑작스럽게 취소된 땡처리 항공권들이 불쑥불쑥 나온다. 다만 출발까지 기한은 일주일에서 열흘까지 짧은 게 대부분이다. 그래도 어떤가. 싼데.

브라이언 캘리
: 항공사 뒤통수치는 '오버부킹 되치기 신공'

인기 노선에 늘 문제가 되는 오버부킹 사태, 황당히다. 모르면 당한다.

여행 초절정 고수, 여행 전문 사이트 '포인트 가이'의 브라이언 캘리 대표가 소개하는 오버부킹 대처법 4가지는 그래서 흥미롭다.

일단 오버부킹 개념부터 알자. 오버부킹은 항공사가 주체다. 항공사가 수용 가능한 좌석보다 더 많은 인원에게 예약받는 것을 말한다. 혹시 있을지 모를 취소에 대비하는 조치인 셈이다. 이렇게 오버부킹 상황이 벌어지면 항공사들은 양보 승객 덕분에 위기를 넘기기도 하지만, 그렇지 못할 때에는 승객들과 협상을 벌여야 한다. 당연히 탑승하지 못하는 승객은 시간낭비에 번거로움까지 감수해야 하기 때문에 항공사 측은 보상책을 내놓기 마련이다. 여행 전문가들은 오버부킹 상황에서 승객들에게 가장 중요한 것은 '협상 능력'이라고 강조한다.

오버부킹으로 인해 빚어지는 사건도 다양하다. 우선 초과 예약에 따라 '반강제' 형태로 탑승하지 못하는 상황일 때 항공사는 반드시 '현금 보상', '바우처', '다음 항공편 좌석'을 모두 보장해줘야 한다. 기준도 있다. 미국 연방항공법에 따르면 1시간 이상 여행이 늦춰지면 최소 1,350달러의 현금을 보상해야 한다. 바우처는 대부분 유효기간이 1년이다. 그러니 여행 빈도가 적다면 협상의 각도를 달리해 제대로 기간을 보장받아야 한다.

두 번째는 오버부킹 상황에 승객이 자진해서 좌석을 양보할 때다. 이런 경우라면 항공사는 바우처만 제공하면 된다. 법적으로 자진 양보하는 좌석에 대해서는 현금을 제공할 수 없도록 하고 있어서다.

일반적으로 체크인 카운터에서 낮은 액수부터 협상 테이블에 올리게 된다. 출발 시간이 다가올수록 보상액은 올라간다. 전문가들은 이때 3~4시간 이상 여행이 늦어진다면 국내선은 바우처 400달러, 국제선은 800달러 선에서 협상을 시작해야 한다고 귀띔한다. 여기서 키포인트 하나, 사실 금액이 높다고 바우처에 넘어가면 안 된다. 언제 다시 해외여행을 가게 될지 모르니 이용 비율이 낮다. 특히 바우처는 분실하면 이용이 불가능하며 팔 수도 없다.

이래저래 복잡한 오버부킹 대처법, 포인트 가이의 브라이언 캘리 대표는 아예 꿀팁을 딱 정해준다. 핵심은 4가지다. 이름하여 '오버부킹 되치기 신공'이다. 외워두시라.

- 협상 전에는 좌석을 끈질기게 요구할 것
- 5시간 이상 지연되면 호텔 이용권도 요구할 것
- 바우처 유효기간을 최대한 길게 요청할 것
- 바우처가 다른 항공사에서도 이용 가능한지 확인할 것

여행 파워 블로거가 공개한
자유여행 안전 꿀팁

자유여행 전성시대다. 편한 만큼 좋긴 해도 자유여행을 하려면 서바이벌 기술이 당연히 필요하다. 가장 문제가 되는 게 안전이다. 그래서 준비했다. 대한민국 최고 여행 고수 파워 블로거가 선정한 최고 자유여행 안전 꿀팁이다. 고수의 견해니 참고하시라.

① 가짜 경찰을 조심하라 - 딴지여사

'딴지여사'의 경계 대상 1호는 경찰이다. 무늬만 경찰인 사람이 의외로 많다. 심지어 가짜도 있다. 이탈리아 베네치아 사건이 비슷한 예다. 한국인 관광객이 외국인 여성에게 스프레이 공격을 당한 후 경찰에 신고했는데, 출동한 경찰이 인종차별적 발언을 하며 연행까지 해 논란이 됐다. 영국 영주권자로 한국과 영국을 오가는 김 모 씨는 영국 런던에서 가짜 경찰에게 900유로를 빼앗기기도 했다. 불심검문 사례도 많다. 여행자에게 이국땅에서 돈보다 중요한 게 신분증, 즉 여권이다. 무턱대고 여권을 보여주는 건 자살 행위(?)니 먼저 경찰에게 요구하시라.

② 거주 등록을 신청해야 하는 러시아 – 콴

지금은 우크라이나와 전쟁 중이라 여행 자체가 불가능해진 러시아지만 한때는 인기 여행지로 각광을 받은 적이 있다. 파워 블로거 '콴'의 꿀팁 핵심은 나라별 특성 파악이다. 특히 러시아 여행 때는 '거주 등록' 절차를 알아둬야 한다고 귀띔한다. 입국일부터 7일을 초과해 체류(같은 도시 내 거주지 이동도 해당)할 때는 반드시 해야 하는 절차다. 장소는 관할 경찰서 또는 호텔에 묵을 때는 호텔 측에서 방문자를 대리해 신청할 수 있다.

③ 저비용·고효율 자물쇠를 챙기라 – 김치군

'김치군'의 안전 꿀팁은 자물쇠다. 실제로 자유여행은 도난·분실과의 전쟁이다. 자신의 짐을 지킬 수 있는 방법은 다양하다. 저비용과 고효율 노하우는 자물쇠다. 일단 싸다. 비싸야 1만 원 정도다. 어려울 것도 없다. 그냥 묶어두면 안전하다. 메고 다니는 가방에 이런 자물쇠를 걸어두기만 해도 도난 표적에서 벗어날 수 있다.

④ 방심하면 털린다 – 이니그마

항상 경계하고 있어야 한다. 파워 블로거 '이니그마'는 소매치기 입장에서 생각하라고 조언한다. 처지를 바꿔 내가 훔친다고 생각하면 어디서, 어떤 때 주의를 기울여야 할지 단번에 알 수 있다. '내가 소매치기다', '내가 훔친다'고 역으로 생각해보면 된다. 기차역에서 잠시 배낭을 내려놓을 때,

거리 공연을 볼 때, 음악 분수 쇼에 넋을 놓고 있을 때가 핵심이다. 여행플러스 팀의 한 에디터 역시 안전하다는 스위스에서 잠깐 조는 사이 가방을 분실한 적이 있다. 방심은 금물이다.

⑤ 현지 안전사항을 수시로 체크하라 - 몽키

블로거 '몽키'는 여행지는 물론 경유지 비자 발급도 꼼꼼히 챙기라고 조언한다. 미국과 캐나다는 경유만 해도 비자가 필요하다. 한 달 살기가 많은 베트남은 30일 안에 재입국할 때 비자를 발급받아야 한다. 미국 여행을 위한 '전자여행허가제ESTA'는 72시간 전에 신청해 입국 전 발급받아야 한다. 물론 코로나19 쇼크를 겪고 엔데믹 시기를 거치며 기간이나 방식이 변한 곳이 많다. 한국도 전자여행허가제를 도입했다. 미리 체크하자.

여행전문기자가 몰래 써먹는 '특가 항공권 신공'

여행전문기자들 노하우, 무시 못 한다. 나만 해도 그렇다. 이 바닥에서 굴러먹은 게 벌써 15년이 넘었다. 서당 개 3년이면 풍월을 읊는다. 오죽하겠는가. 그 노하우의 일부만 살짝 공개하겠다. 다는 안 된다. 나만 써먹어야 하니까. 미안하다.

① 첫 키스를 노리라

'첫', '처음'이란 게 그렇다. 잊지 못한다. 오죽하면 주식 투자에도 '첫 키스를 노리라'는 공식이 있을까. 잠깐 소개하자면 이렇다. 주가가 폭등한 다음에 조정을 받는다. 거래량이 줄며 조정을 받을 때 차례로 이동평균선(가격 이동평균선)을 터치한다. 이때 처음 닿는 그 지점이 매수 타점이다. 폭등한 후 주가가 밀려 5일 선에 처음 닿을 때, 매수다. 추가로 조정을 받고 10일 선이나 20일 선까지 밀린다. 역시나 처음 10일 선, 20일 선을 터치할 때 매수하면 십중팔구 반등한다. 60일, 120일 선도 마찬가지다.

주식뿐만 아니다. 항공권 가격도 '첫'에 싸지는 비밀이 있다. 바로 첫 취항 항공편이다. 항공사들에게는 미신이 있다. 신규 취항 노선의 첫 번째 항공편이 완판돼야 순조롭게 영업이 진행된다는 집착 아닌 집착이다. 당연히 빈자리를 채우고자 파격 할인 항공권을 마구 뿌린다. 이벤트도 성대하게 한다. 업계에는 간혹 '첫 항공편은 직원들을 동원해서라도 꽉꽉 채워야 한다'는 특명이 내려올 정도라니 말 다했다.

첫 키스, 그래서 중요하다. 또 있다. 코로나19가 끝난 엔데믹 시대, 재취항 첫 편이다. 팬데믹 사태로 중단된 항공 노선이 재취항을 할 때가 핵심이다. 역시나 '첫', '처음'의 비밀이 적용되는 셈이다.

② 극성수기 전후를 노리라

항공권이 가장 싼 날은 수요가 최저일 때다. 비싼 날을 보자. 설과 추석 명절, 크리스마스를 낀 연말, 7말 8초다. 이때를 기점으로 딱 전후, 즉 일주일 벗어난 존을 선택하면 된다. 여행사 직원들이 노리는 타이밍도 이때다. 극성수기를 전후로 일주일 정도 벗어난 시기다. 연휴 직전과 직후의 패키지여행 상품은 연휴 출발 대비 약 20~30퍼센트 싼 편이라는 게 여행사 직원들의 귀띔이다.

③ 국내선은 무조건 화요일이다

항공사 직원들은 국내 투어라면 화요일 출발이 가장 싸다고 입을 모은다. 당연히 수요 비중이 낮아서다. 누구나 원하는 주말은 당연히 비쌀 수밖에 없다. 그래도 기어이 주말 하루만큼은 포함하고 싶다면 그나마 목요일, 일요일 출발 항공권에서 특가를 찾을 확률이 높다고 귀띔한다. 당연히 여행전문기자들은 '찜'이다.

④ 보이면 질르라

특가 항공권은 한정된 날짜, 한정된 수량만 판매된다. 10석 미만인 생색내기용도 많다. 그러니 핵심은 서둘러야 한다는 것이다. 보이는 즉시 질러야 한다. 이때 주의사항이 있다. 환불이나 변경이 불가능한 경우가 많으니 꼭 확인해야 한다. 여행전문기자들이야 민원을 통해 해결할 수 있지만 일반인들은 애먹는 경우가 잦을 수밖에 없다. 이런 리스트에도 불구하고 일단 떴다 하면 지르는 게 핵심이다.

모니카 험프리스
: 이거면 공항에서 16만 원 아낀다!

미국의 여행전문기자 모니카 험프리스, 나만큼이나 유명한 분으로 장거리 비행 전문가로 알려져 있다. 무려 16만 원을 아낄 수 있는 장거리 여행 필수템으로 험프리스가 소개한 건 다름 아닌 텀블러다. 그는 여행 비용 절감과 시차 적응은 물론 친환경 여행을 위해서라도 텀블러만큼은 꼭 챙기라고 조언한다.

미국 〈비즈니스 인사이더〉를 통해 그가 쓴 기고문 제목은 이렇다. '장거리 비행 전문가가 알려주는 팁, 이것으로 100달러 절약했다.' 일반적으로 장거리 여행 때는 짐을 줄이는 게 일반적이다. 심지어 물은 더 그렇다. 큰 부피를 차지하는 텀블러는 가볍긴 하지만 꽤나 성가시다. 하지만 험프리스는 다른 주장을 펼친다. 그는 비행 시 수분 섭취가 중요하다고 강조한다. 비행기는 거리에 관계없이 탈수를 유발한다. 미국 의료 이송 전문 항공사

'플라잉 엔젤스'의 전무이사 밥 바츨러는 'CNN'과의 인터뷰에서 "비행기 객실은 습도가 낮기 때문에 승객은 시간당 약 226밀리리터 상당의 수분을 잃게 된다"라고 설명한다.

당연히 기내 공급 음료량은 태부족이다. 험프리스는 말한다. "12시간의 장거리 비행에서 음료 카트는 딱 네 번만 내 앞에 섰다. 200밀리리터의 작은 컵 네 번으로는 항공우주의학협회가 내 비행에 권장한 2.7리터의 수분을 섭취할 수 없었다"라는 것이다.

사실상 수분 비상사태나 다름없는 이런 상황에 대비해 그는 1리터 용량의 텀블러를 구비할 것을 권한다. "공항 식수대에서 텀블러를 가득 채운 채로 비행기에 탑승할 수도 있다"라며 "비행 시차 적응을 위해 충분한 수분을 섭취하는 것이 필요한 만큼 여행에도 도움이 된다"라고 설명한다.

그렇다면 돈을 벌어주는 과정은? 미국 내 공항의 500밀리리터 생수 가격을 평균 5달러선으로 가정해보자. 48시간 비행을 위해 마셔야 할 12리터 수분을 보충하기 위해서는 생수 24병을 사야 한다. 단순 계산해도 이 비용은 120달러에 달한다. 그는 비용 절감, 여행 컨디션뿐만 아니라 요즘 핫한 ESG 트립을 위해서라도 텀블러 챙기기를 조언한다. 일회용 플라스틱을 되도록 피하기 위해 '작은 일' 하나부터 시작해야 한다는 게 그의 지론이다.

변호사편

여행업계 '한문철 변호사 팀'이 뜬다. 법만큼은 법조인들이 잘 안다. 변호사들도 주 전공이 있다. 대한민국을 대표하는 변호사, 심지어 여행 바닥에서 이름만 대면 알아주는 이들이 여행 과정에서 생길 수 있는 분쟁의 씨앗을 낱낱이 뽑아 해결 방법을 알려준다. 호갱 뒤통수치는 꿀팁까지 있으니 제대로 읽어보길 바란다. 이 챕터만큼은 '매일경제'와 '네이버'가 공동 운영하는 여행플러스 팀의 도움을 받았음을 알린다.

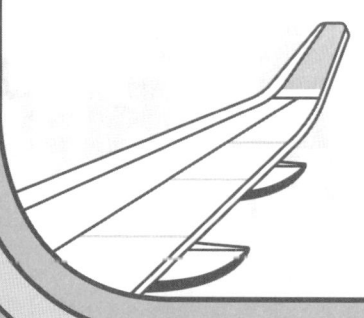

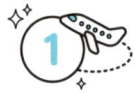

현지 가이드의 일방적 일정 변경, 보상받을 수 있다? 없다?

늘 발생하는 논란거리다. 해외여행 현지에서 가이드가 일방적으로 일정을 바꾸는 경우다. 배상받을 수 있을까? 애매하다. 이참에 딱 정리하고 가자.

Q. 패키지여행인데, 현지 가이드가 일방적으로 일정을 변경했다면 배상받을 수 있을까?

결론부터 말하면, 있다. 〈관광진흥법〉이란 게 있다. 제14조 제3항 및 이 법 시행규칙 제22조의 4 제2항을 보자. 여행업자는 여행 계약서(여행 일정표 포함)에 명시된 숙식, 항공 등 여행 일정(선택 관광 일정 포함)을 변경하는 경우 (해당 날짜의 일정을 시작하기 전에) 여행자의 서면 동의를 받아야 한다. 동의서에는 당연히 변경 일시, 변경 내용, 변경으로 발생하는 비용 및 여행자가 일정 변경에 동의한다는 내용의 자필 서명이 포함된다. 일방적으로 사전 통보 없이 일정이 변경됐다면 배상받을 수 있다. 당초 일정의 소요 비용보다 대체 일정의 소요 비용이 적게 든 경우 여행자는 그 차액의 환급을 여행업자에게 직접 요구할 수 있다.

Q. 현지 가이드의 권유로 제트스키를 탔다 접촉 사고가 난 경우다. 부상도 크게 입었다. 여행사에 손해배상을 청구할 수 있을까?

역시나 결론부터 말하면, 있다. 현지 가이드는 〈관광진흥법〉 제13조에 따른 국외 여행 인솔자로 분류된다. 여행사의 이행보조자로서 현지 여행의 구체적 상황에 따라 여행자의 안전을 확보하기 위해 적절한 조치를 강구해야 할 의무가 있다는 의미다. 만약 여행 가이드가 이런 일련의 의무를 이행하지 않았고, 그로 인해 여행자에게 손해가 발생했다면 여행자는 여행사에게 당연히 배상을 요구할 수 있다. 판례도 있다. 대법원은 기획 여행에 참여한 여행자가 여행지에서 놀이 시설을 이용하다 다른 여행자의 과실에 의한 행위로 상해를 입은 사안에서 국외 여행 인솔자의 과실이 있다고 본 것이다(대법원 1998. 11. 24. 선고 98다25061 판결).

Q. 자유여행과 패키지여행의 혼합형 상품이 많다. 이 과정에서 사고를 입었다면?

역시나 배상을 요구할 수 있다. 법원은 특별한 사정이 없는 한 여행자가 희망하는 여행 조건에 따라 여행업자가 운송, 숙식, 관광 등 여행에 관한 전반적인 계획을 수립하고 실시하는 여행에서도 마찬가지로 여행업자의 안전 배려 의무가 요구된다고 본다(서울중앙지방법원 2018. 4. 26. 선고 2016가합566844 판결). 현지 여행 가이드가 주의 의무를 다하지 않았다면 여행자는 언제든 여행사에 직접 손해배상을 청구할 수 있다.

수하물이 사라졌다?
제대로 보상받는 꿀팁

늘 되풀이되는 수하물 보상 규정, 이참에 정리하고 가자. 수하물 분실 또는 지연 시 대처 꿀팁을 함인경 변호사가 딱 정해주겠다.

Q. 여행사 패키지로 해외를 갔다. 그런데 도착지에서 짐이 사라진 경우다. 보상 요청은 여행사와 항공사 중 어디에 할까?

무조건 항공사다. 수하물 분실이나 지연에 대한 보상은 항공사에서 해주도록 돼 있다. 항공사에 수하물 분실 신고를 하고, 이후 수하물 지연 보상금Out of Pocket Expenses; OPE을 청구하면 된다. '국제항공운송협회IATA' 규정이어서 모든 항공사가 해당된다. 보상액은 항공사마다 다르다. 탑승했던 클래스마다 차이가 날 수도 있다. 주의할 점은 수하물 지연 보상금은 절대 항공사측에서 먼저 이야기하지 않는다는 것이다. 승객이 직접 요청해야 한다. 그리고 분실 신고 때 핵심은 '수하물 확인표Baggage Claim Tag' 소지 여부다. 수하물 확인표가 없을 경우 아예 접수를 받지 않는 항공사도 있다.

Q. 여행지에서 분실하는 것과 한국에서 분실하는 것의 보상에 차이가 있을까?

보상금에 대한 내용이 달라질 수 있다. 여행지에 도착했는데, 짐이 사라졌다면 갈아입을 옷가지와 세면도구 등 필수품이 요구되므로 이에 대한 금전적 지원이 전제가 된다. 최후 도착지 한국에서 분실됐다면 일정 부분의 불편함을 대신 감수할 수 있는 금액이 되기 때문에 보상액은 다소 적을 수 있다.

Q. 수하물 지연이 아닌 분실도 있다. 이때 보상은?

4일이 지나면 분실로 간주한다. 항공사는 분실 보상 규정에 따라 보상을 한다. 이때 어떤 협약 규정에 의거해 보상을 하는지가 중요하다. 각 항공사가 속한 나라가 어느 협약을 따르고 있는지에 따라 수하물 보상에 대한 항공사 규정에 차이가 발생한다. 우리나라를 포함한 144개국은 '몬트리올협약'에 가입하고 있다. 태국 등 일부 나라는 몬트리올협약에 가입하고 있지 않기 때문에 '바르샤바협약'을 따른다. 바르샤바협약의 경우 수하물 1킬로그램당 20달러 수준의 보상을 해준다. 만약 수하물이 10킬로그램이라면 200달러를 받게 되는 식이다. 한국이 가입해 있는 몬트리올협약이 적용된다면 최대 180만 원 정도까지도 보상이 가능하다.

Q. 고가의 물건이 들어 있었다면?

사전 신고 여부가 중요하다. 고가의 물건을 미리 신고했다면 그 물건에 해당하는 금액만큼 보상받을 근거가 생긴다. 사전 신고가 없었다면 결과는 다르다. 이때는 수하물의 무게에 따라 보상을 한다. 항공사에서는 어떤 수하물이라도 무게에 따라 보상액을 책정한다. 오히려 여행자보험을 통해 보상받는 경우가 더 나을 수도 있다. 여행자보험에는 특약을 넣으면 수하물 분실 또는 지연 보상을 받을 수 있다. 중복으로는 받을 수는 없다. 보상액을 각각 따져보고 결정하면 된다.

Q. 수하물 이슈로 여행을 제대로 하지 못했다면 손해배상이 가능할까?

가능하다. 제주도에서 판결이 난 것이 있다. 원고인 당사자가 변호사였다는 점이 인상적이다. 소송은 2년이 걸렸고 원고 승소 판결을 받아냈다. 법원의 판단은 이렇다. "원고가 생활필수품이 없어 여행에 불편을 입고 제대로 여행을 즐기지 못해서 입게 된 정신적 고통에 대한 위자료를 지급할 의무가 있다." 다만 기간이 오래 걸리고 배상액이 적다는 점이 아킬레스건이다.

일주일 새 2배!
기습 가격 인상 호텔, 처벌은?

"가격은 직접 문의해주세요." 가뜩이나 숙소 잡기 힘든 성수기, 홈페이지나 모바일을 통해 예약할 때마다 등장하는 짜증 나는 문구다. 또 있다. 평소 10만 원이면 가능했던 호텔이 성수기가 다가오자 슬그머니 가격을 2배로 올려버린 것이다. 열 받는다. 잡아넣고 싶다. 처벌이 가능할까? 전민성 변호사의 답이다.

Q. 숙박 요금 게시 의무가 있을까?

〈공중위생관리법〉의 적용을 받는 숙박업소는 그렇다. 〈공중위생관리법〉 시행규칙 제7조의 내용이다. "숙박영업자는 업소 내에 숙박업신고증을, 접객대에 숙박요금표를 각각 게시해야 하며 게시된 숙박 요금을 준수해야 한다."

Q. 게시 의무 불이행 시 행정처분이나 처벌이 따를까?

〈공중위생관리법〉 제11조에 규정이 있다. 시장, 군수, 구청장이 6개월 이내의 기간을 정해 영업의 정지 또는 일부 시설의 사용 중지를 명하거나 영업소 폐쇄 등을 명할 수 있다. 구체적인 행정처분의 기준은 4가지다. 1차 위반한 경우 : 경고 또는 개선 명령, 2차 위반한 경우 : 영업정지 5일, 3차 위반한 경우 : 영업정지 10일, 4차 이상 위반한 경우 : 영업장 폐쇄 명령.

Q.〈공중위생관리법〉상 숙박업에 해당하지 않는 시설은?

〈공중위생관리법〉제2조 제1항 제2호부터 보자. 숙박업은 "손님이 잠을 자고 머물 수 있도록 시설 및 설비 등의 서비스를 제공하는 영업"이라고 명기돼 있다. 다만 농어촌에 소재하는 민박 등 대통령령이 정하는 경우는 제외다. 대표적인 예가 한옥마을이다. 당연히 가격 고지를 하지 않아도 처벌할 수 없다. 한옥마을의 경우〈관광진흥법〉의 적용을 받는다.〈관광진흥법〉에는 숙박 시설의 숙박 요금 미게시에 대한 제재 규정이 없다. 한옥마을 상당수가 숙박요금표를 공개하지 않아 늘 논란이 된다.〈관광진흥법〉개정을 통해 관광숙박업자들이 관광 숙박 요금을 신고하거나 게시하도록 의무화하면 된다.

Q. 숙박 요금을 일방적으로 올리는 경우는?

부산에서는 한때 BTS 콘서트를 앞두고 특급 호텔까지 가격이 폭등했던 경우가 있다. 숙박업소의 요금은 사업자가 자율적으로 정해 신고하는 신고제다. 상한을 강제할 수 없다. 다만 숙박업소가 게시된 가격에서 인상해

요금을 받았을 때는 〈공중위생관리법〉 제11조와 〈공중위생관리법〉 시행규칙 제19조에 따라 행정처분을 내릴 수 있다.

현금 결제 강요 때 혼쭐내는 법, 딱 정해드립니다!

요즘 유행하는 캠핑과 글램핑, 좋긴 한데 체크아웃 과정에서 문제가 될 때가 있다. 슬그머니 현금 결제를 강요하는 것이다. 심지어 카드로 결제하려면 부가세 10퍼센트까지 더 달란다. 그래, 좋다. 일단 현금 결제를 했는데, 이번에는 현금영수증 발급 요청을 거부한다. 속에서 천불이 나는 경우다. 함인경 변호사가 딱 정리해주겠다.

Q. 카드 결제를 거부하면 처벌할 수 있을까?

일단 해당 캠핑장이 신용카드 가맹점인지부터 확인해야 한다. 가맹점일 경우 처벌할 수 있으며 처벌 강도도 높다. 현금을 내면 할인해준다든지, 카드 결제 때 부가세 등 일정 금액을 더해서 받게 되면 〈여신전문금융업법〉의 적용을 받아 처벌 강도가 높다. 〈여신전문금융업법〉 제19조 제1항 위반은 1년 이하의 징역이나 1,000만 원 이하의 벌금형이다. 결국 신설 캠핑장들이 문제다. 〈소득세법〉 시행령에 따르면 직전 연매출 2,400만 원 이상인 사업자의 경우에만 신용카드 가맹점의 의무가 있다. 새로 생긴 캠핑장은 현금을 강요해도 별 문제가 없다.

Q. 신고 절차는 어떻게?

실제 거래를 했다는 증빙서류를 꼭 보관해둬야 한다. 1개월 이내에 '국세청 홈택스(www.hometax.go.kr)' 사이트나 가까운 세무서에 가면 신고할 수 있다. 이런 경우도 있다. 캠핑장 예약을 하려는데, 현금 결제를 해야 하는 사실을 알게 된 것이다. 이 경우에는 '여신금융협회'에 신고할 수 있다. 그럼 여신금융협회에서 신고된 캠핑장으로 조사를 나온다. 조사 횟수가 3회 이상 누적되면 신용카드 가맹점 계약이 해지된다. 거래가 이뤄지지 않은 경우는 그 당시 상황을 녹화나 녹취를 하는 등 자료 수집이 필수적이다.

Q. 현금영수증 발행 요청을 거부한다면?

캠핑장, 펜션 등은 〈소득세법〉, 〈법인세법〉에 따라 숙박 시설 운영업으로 구분한다. 현금영수증 의무 발행 업종에 속한다. 사업자는 거래 금액이 10만 원 이상일 경우 고객이 요구하지 않더라도 현금영수증을 의무적으로 발행해야 한다. 현금영수증을 발행하지 않았다면 해당 캠핑장은 미발급 금액의 20퍼센트까지 가산세 부과 등의 불이익을 입을 수 있다.

Q. 현금영수증 미발행 신고는 어떻게?

해당 캠핑장의 이용 시설, 이용 금액이 얼마인지 관련 증빙서류들을 첨부해 국세청에 신고하면 된다. 미발행 사실을 확인할 경우 신고 포상금까지 나온다. 미발행 금액이 5,000원 이상 5만 원 미만인 경우 1만 원, 250만 원 이하인 경우 해당 금액의 20퍼센트를 지급한다. 250만 원이 넘을 경우에는 최대 50만 원까지다. 연간 동일인이 받을 수 있는 최대 포상금은 200만 원까지다. 주의할 게 있다. 건당 거래 금액이 10만 원 이상일 경우에만 현금영수증 의무 발행 대상이 된다. 이용 금액이 9만 원, 9만 9,000원 등으로 책정됐다면 현금영수증을 발행하지 않더라도 처벌받지 않는다.

리조트·펜션, 청소 안 했더니 배상하라고?

'청소를 하고 나와야 하나, 안 해도 되나.' 항상 고민되는 것이 리조트나 펜션 퇴실 때 청소 여부다. 다양한 커뮤니티에도 갑론을박이 늘 이어진다. '여행 애정남(애매한 것 정해주는 남자)' 전민성 변호사가 정리해주겠다.

Q. 퇴실 청소 의무 규정이 있을까?

퇴실 때 투숙객이 청소해야 한다는 것에 대한 법적 근거는 없다. 결국 숙박업자와 투숙객이 체결하는 계약 내용이 관건이다. 리조트나 펜션에 따라 내부에 '공지사항'을 부착해두는 경우가 있다. 펜션 운영자가 자체적으로 투숙객들이 지킬 이용 수칙을 정하는 건 영업 자유다. 문제 될 게 없다. 투숙객이 이용 수칙을 인식하고 이에 동의했다면 동의한 대로의 계약에 따라야 할 의무가 있다. 문제가 되는 건 그냥 나왔는데, 펜션 측에서 퇴실 시에 청소비를 요구하는 경우다. 투숙객은 사전에 공지나 계약 사항에 포함된 내용인지 일단 따져봐야 한다. 입실 시에 공지사항을 투숙객에게 고지해줬다면 동의했다고 볼 수 있다. 구체적으로 계약서상에 의무를 특정한 게 아니라면 당연히 다툼의 여지가 있다. 극히 드물긴 하지만 서명을 받는 경우도 있다. 펜션 운영자 입장에서는 사전에 펜션 이용 계약서를 투숙객에게 고지하고 내용을 확인했다는 서명을 받아야 추후 불필요한 법적 분쟁을 줄일 수 있다.

Q. 구체적인 계약을 맺지 않고, 투숙객이 방을 더럽히거나 물품을 파손한 경우에는 책임을 물을 수 있을까?

투숙객이 고의로 재물을 손괴한 정황이 있다면 재물손괴죄로 형사 고소를 진행할 수 있다. 과실로 더럽혔거나 단순히 청소를 하지 않은 것이라면 처벌하는 법 규정이 존재하지 않는다. 성수기마다 커뮤니티에 올라오는

포스팅이 있다. 펜션 운영자가 투숙객이 설거지 등의 뒤처리를 하지 않은 채 퇴실한 사진을 올리고 고충을 토로하는 글이다. 객실 내부와 테라스 바비큐장에 소주잔과 종이컵, 각종 음식물 쓰레기들로 가득한 경우도 있다. 외국인 관광객 중 일부가 담배꽁초를 버리는 등 황당한 사례에 대한 불만도 있다. 구체적으로 계약을 맺지 않은 상황이라면 펜션 운영자는 투숙객에게 청소비를 요구하는 게 쉽지 않다. 투숙객이 청소비를 지불하지 않으면 민사상 손해배상 청구를 해 배상받는 방법밖에는 없다.

솔직 후기 쓰고 신상 털렸다면 참교육 시전하세요!

이런 경우다. 펜션에 묵고 나왔는데, 불만이다. 그래서 솔직 후기를 커뮤니티에 올린다. 그런데 이 펜션 주인, 보통이 아니다. 신상을 탈탈 털어 온라인에 유포해버린다. 이럴 때 혼쭐내는 대처법을 함인경 변호사가 딱 정해주겠다.

Q. 펜션 운영자가 고객의 신상을 유포한 경우 처벌은?

온라인상에 타인의 개인정보를 유포한 경우 흔히 〈개인정보 보호법〉 위반을 떠올리기 쉽다. 하지만 이게 아니다. 〈개인정보 보호법〉은 '개인정보처리자', 즉 권한을 가지고 개인정보를 처리하는 기관이나 사람이 정보를 유출했을 때만 해당된다. 이를 펜션에 적용해보면 이렇다. 펜션을 이용할 때 개인정보 수집 및 이용 동의 등 온라인상에서 서명이나 체크를 했다면 그때는 펜션 운영자가 개인정보처리자가 된다. 개인정보처리자는 (그 목적에) 필요한 범위 내에서만 개인정보를 이용할 수 있을 뿐, (목적) 그 외의 용도로 활용해서는 안 된다. 제3자에게 제공하는 것도 엄하게 금지한다. 결론적으로 펜션 운영자가 만약 개인정보처리자로 볼 수 있는 경우라면 처벌이 가능하다. 〈개인정보 보호법〉 위반 책임을 물 수 있다. 5년 이하의 징역이나 5,000만 원 이하의 벌금에 처해진다. 형량이 아주 무거운 범죄다.

Q. 개인정보처리자가 아니면 처벌은 불가능할까?

〈개인정보 보호법〉 위반을 적용할 수 없다. 대신 정보통신망법〈정보통신망 이용촉진 및 정보보호 등에 관한 법률〉 위반을 검토해야 한다. 정보통신망법은 정보통신망에 의해 처리되거나 보관 또는 전송되는 타인의 정보 유출을 금한다. 만일 이를 위반해 타인의 비밀을 침해, 도용, 누설하는 경우에는 정보통신망법 제49조 위반이 된다. 5년 이하의 징역 또는 5,000만 원 이하의 벌금에 처해진다. 이 경우도 형량이 상당히 센 편이다.

Q. 정보통신망법이 성립하려면?

타인의 정보, 비밀을 어떻게 취득했는지가 핵심이다. 펜션 운영자가 해킹을 했거나 고객이 이용했던 컴퓨터 내 남아 있는 정보로 로그인해 아이디를 알아내는 등 불법적으로 타인의 이름, 전화번호, 주소 등을 파악해 유출한 경우라면 정보통신망법 제49조 위반이 된다. 만약 고객이 노트 등으로 이름과 연락처를 제공했고, 그 부분을 유출했을 경우에는 정보통신망법 제49조 위반이라고 단정하기 어렵다. 이 경우 형사처벌이 어려울 수 있다.

Q. 개인정보를 적법하게 취득한 경우 처벌할 수 없다는 의미일가?

민사적으로 손해배상 청구를 할 수는 있다. 다만 이 과정이 쉽지는 않다. 솔직 후기를 남긴 투숙객의 신상을 펜션 운영자가 유포한 것이라면 정보통신망법 제70조에 해당하는 사이버 명예훼손이 성립할 수 있다. 펜션 운영자가 고객을 비방할 목적으로 '신상 털이'를 했다면 그때는 제70조 제1항의 사실적시 명예훼손도 성립할 수 있다. 고객의 신상 정보에 덧붙여 허위사실을 유포한 경우에는 제70조 제2항 위반으로 제1항보다 더 무거운 처벌을 받게 된다. 따라서 정보통신망법 제70조 제1항 위반인지 제2항 위반인지를 검토해보는 것도 필요하다. 참고로 제70조 제1항의 경우 처벌은 3년 이하의 징역 또는 3,000만 원 이하의 벌금이지만, 제2항에 해당되면 7년 이하의 징역, 10년 이하의 자격정지 또는 5,000만 원 이하의 벌금에 처해진다.

여행지 영상, 막 올리다가는 수억 물어준다고?

SNS가 일상이 된 요즘, 여행지에서 찍은 영상을 개인 채널에 마음껏 올리는 건 괜찮을까? 막 올리다가는 소송까지 당할 수 있으니 요주의다. 애매한 상황, 전민성 변호사가 딱 정해주겠다.

Q. SNS에 올릴 영상, 촬영 허가를 받아야 할까?

모든 장소마다 촬영 허가를 받아야 하는 건 아니다. 식당이나 카페 등 개인이 운영하는 사업장은 사업주의 재량에 따른다. 다만 나라 재산은 다르다. 국립박물관이나 경복궁 같은 문화재는 촬영에 대해 허가사항이 있다. 예컨대 국립고궁은 영화, 드라마, 책자 게재 등 상업용 촬영일 경우에 한해 사전 촬영 허가 신청을 받는다. 촬영 비용을 청구하기도 한다. '유튜브' 등 영상 공유 플랫폼을 포함한 개인 SNS 게시용 촬영은 비상업용 촬영으로 간주해준다. 다만 카메라와 삼각대 각 1대 및 셀카봉 등 자가 촬영 보조기구 1대까지 반입할 수 있다는 별도 규정이 있으니 참고하자. 촬영하려는 장소의 홈페이지나 담당 직원을 통해 미리 확인하는 게 최선이다.

Q. 식당이나 카페 같은 개인 사업장이라면?

촬영 허가를 받아야 한다는 법률 규정이 있는 건 아니다. 다만 분쟁이 생길 수 있으니 촬영 장소의 사업주에게 사전 허락을 받는 게 좋다. '노튜버존'을 선언한 식당과 카페도 있다. 일부 유튜버들이 손님의 동의 없이 카메라로 촬영하거나 조회 수를 늘리기 위해 자극적인 장면을 연출해 가게 업주들이 피해를 보는 일이 잦아서다.

Q. 사업주가 거부한 상황인데도 촬영을 했다면?

사업장의 운영 방침은 사업주의 고유 권한이다. 영업에 방해가 될 것으로 판단하면 출입을 거부할 수 있다. 만일 식당 주인이 촬영을 거부하며 퇴거할 것을 요구했는데도 촬영을 강행한다면 형법 제319조 제2항에서 규정하고 있는 퇴거불응죄로 처벌당할 수 있다. 업주와 실랑이하던 중에 고함을 지른다거나 위력을 행사해 다른 손님들에게까지 피해를 줬다면 형법 제314조 제1항 업무방해죄가 성립한다.

Q. 촬영물에 타인의 얼굴이나 개인정보가 노출된 경우 초상권 침해로 처벌받을까?

초상권 침해에 대해 형사처벌 규정은 없다. 민사상 불법행위로 인한 손해배상 청구는 할 수 있다. 초상권은 헌법 제10조 제1문에서 헌법적으로 보장하고 있는 권리로 본인의 얼굴, 타인과 구별되는 신체적 특징에 관해

함부로 촬영·묘사·공표되지 않을 권리와 이를 영구적으로 이용당하지 않을 권리다. 다른 사람의 얼굴이나 개인정보를 노출하는 영상을 무단으로 게시하는 건 상업적으로 이용했는지와 관계없이 초상권의 부당한 침해로 볼 수 있다. 당연히 불법행위다. 사업주에게 촬영을 허가받았다고 해서 다른 손님의 얼굴이 담긴 영상을 올리는 행위가 정당화되지 않는다. 그렇다면 영상에 찍히는 모든 사람에게 동의를 받아야 할까? 편집 과정에서 모자이크 처리를 하는 등 조치가 필수다.

항공사편

꿀팁, 공급자만큼 많이 알 수는 없다. 그래서 간다. 항공사가 공개하는 그 항공사 이용 꿀팁이다. 물론 공급자가 제공하는 꿀팁은 양날의 검이다. 교묘하게 그들에게 유리한 팁을 슬며시 흘려놓기도 한다. 대표적인 게 마일리지 활용 팁 같은 것이다. 부채나 다름없는 마일리지를 자사 계열사 이용 때 사용하라는 홍보다. 이런 건 버려야한다. 가장 신경을 많이 쓴 챕터다. 깐깐하게 검증 과정을 거친 꿀팁이니 안심하고 써보시라.

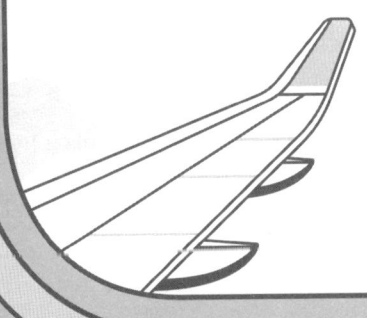

항공권은 무조건
일요일에 사라!

여행 경비의 절대치를 차지하는 항공료와 숙박비, 이 2가지가 싸지는 골든타임은 언제일까? 마침 '익스피디아'와 항공권 발권 거래 전문 업체 'ARC Airlines Reporting Corporation'가 빅데이터를 바탕으로 발표한 2019년 항공 여행 전망 보고서가 나왔다. 2017년 10월 1일 이후 500억 건이 넘는 항공권 빅데이터 검색 결과를 분석한 자료니 신뢰해도 좋다.

① 항공권은 일요일이 골든타임

일단 요일의 법칙이다. 항공권이 가장 싸지는 날은 일요일이다. 탑승 일정이 아닌 항공권 구입일 기준으로 3년 연속 일요일이 싸지는 결과가 나왔으니 신뢰도가 높은 편이다. 게다가 대다수의 나라에서 유사한 패턴을 보인다. 할인율도 놀랍다. 한국에서 출발하는 항공권을 일요일에 사면 이코노미 클래스 기준으로 최대 31.5퍼센트가 싸다. 심지어 프리미엄급 좌석(비즈니스 및 퍼스트 클래스)도 최대 42.6퍼센트 싼 가격에 살 수 있으니 말 다 했다. 반대로 무조건 피해야 하는 최악의 요일은 금요일이다. 금요일에 산 항공권은 평균 대비 12.4퍼센트 비싼 것으로 조사됐다.

② 호텔이 싸지는 요일은 금요일

 호텔 예약은 항공권과 반대로 기억하면 된다. 그것도 정반대다. 호텔을 예약하고 결제하는 시점으로 가장 유리한 요일은 금요일로 나타난 반면, 일요일에 인터넷을 뒤져 호텔을 잡을 때 숙박비가 가장 비싼 것으로 분석됐다. 당연히 해외여행을 계획할 때는 주말을 붙여 잡는 일정이 경제적이다. 항공 일정의 경우 월-수 일정보다는 토-수 일정이, 수-금 패턴보다는 수-일 패턴이 싸다. 전 세계적으로 보면 주말을 포함할 경우 평균 25퍼센트의 항공료를 절감할 수 있었다는 결론이다. 출장이 잦은 도시는 할인 폭이 더 커진다. 예컨대 수-금 출장 일정을 마치고 바로 귀국할 때보다 토요일 하루를 현지에서 쉬고 일요일에 귀국하면 싸진다. 싱가포르의 경우 토요일을 붙이면 평균 48.9퍼센트 항공료를 줄일 수 있었고, 말레이시아는 40.7퍼센트, 인도네시아는 33.3퍼센트 항공료를 각각 절감할 수 있었다.

③ 관광객 밀집 지역은 정반대 요주의

 여기서 주의점 하나, 업무상 출장과는 달리 관광객이 밀집되는 지역은 주말을 낄 때 오히려 비싸지는 패턴에 유의해야 한다. 출장지와 동일한 일정을 기준으로 비교했을 때 방문지에서 주말까지 체류한 후 귀국하는 일정의 마카오행 항공권 가격은 평일로만 구성된 일정보다 평균 18.94퍼센드, 호주는 10.7퍼센트 비쌌다.

아기와 함께 항공사 이용하는 꿀팁

아이와 함께 여행, 좋다. 하지만 이 아이의 기준이 유아라면 상황이 360도 달라진다. 마침 '대한항공'이 공개한 만 24개월 미만 유아를 동반한 승객들을 위한 여행 꿀팁이 있다. 요긴하니 알아두시라.

① 유모차 무료 운송 서비스

유모차 무료 운송 서비스는 무조건 알아둬야 한다. 신청 장소는 체크인 카운터나 탑승구 앞이다. 탑승 직전 탑승교에서 항공사 직원에게 맡기면 유모차를 비닐에 씌워 안전하게 도착지 공항까지 옮겨준다. 주의사항 하나가 있다. 컵 홀더 같은 유모차 액세서리는 파손이나 분실 우려가 있으니 따로 떼어 보관하는 게 좋다. 유모차를 기내에 가지고 탈 수도 있다. 가로·세로·높이 세 변의 합이 115센티미터 이하고, 일자형으로 완전히 접었을 때 가로 20·세로 20·높이 100센티미터인 휴대용 유모차들이다.

다음은 찾는 장소다. 여행지에 도착한 후 유모차는 탑승구나 수하물 수취대에서 찾을 수 있다. 국제선은 대부분 탑승구에서 바로, 국내선은 수하물 수취대에서 유모차를 수령한다. 공항 사정에 따라 수령 장소가 바뀔 수 있으니 미리 직원에게 문의하면 혼선을 줄일 수 있다.

② 카시트 지참 가능

만 24개월 미만 유아를 동반한 경우 규격에 맞는 접이식 유모차와 카시트(또는 요람) 각 1개씩을 지참할 수 있다. 국제선은 여기에 더해 가로·세로·높이 합이 115센티미터 이하이며 10킬로그램 이하인 수하물 1개를 추가로 가져갈 수 있다.

③ 이유식 제공

국제선을 이용하는 만 24개월 미만 유아들에게는 이유식이 제공된다. 비행기 출발 24시간 전까지 대한항공 홈페이지 또는 서비스 센터에서 신청하면 된다. 메뉴는 과일·곡물 퓨레와 유기농 과일 주스 등이다. 돌이 지나 일반 식사를 할 수 있는 유아들에게는 만 24개월 이상~12세 미만 아동과 같은 메뉴를 제공한다. 기내 식사 시간이 되면 유아부터 식사가 제공되니 알아두자.

④ 분유용 온수 제공

가루 분유와 젖병을 미리 준비해왔다면 기내에서 분유용 온수를 제공받을 수 있다. 액상 분유도 가능하다. 승무원에게 요청하면 중탕으로 따뜻하게 데워준다.

⑤ 유아용 침대 제공

국제선을 탔다면 유아용 요람 설치 서비스를 이용하시라. 비행기 출발 48시간 전 항공권 예약처 또는 대한항공 서비스 센터에서 신청하면 된다. 유아용 요람은 몸무게 11킬로그램 이하, 키 75센티미터 이하 유아만 이용할 수 있다.

⑥ 기저귀 교환대

비행 중 기내 기압은 해발 1,524~2,438미터 고도에서의 기압과 엇비슷하다. 어른도 아이도 마찬가지다. 비행기 이착륙 시 기압 변화 때문에 귀가 먹먹해진다. 이때 아기에게 분유 등 먹을 것을 주면 도움이 된다. 기내 공기 습도는 15퍼센트 내외로 매우 건조한데, 피부에 로션 등 보습제를 발라주면 좋다. 기저귀를 갈아줄 때는 기내 화장실에 설치돼 있는 기저귀 교환대를 활용하자.

⑦ 유아 항공권 값은?

만 24개월 미만 유아의 경우 국내선은 무료다. 국제선은 성인 정상 운임의 10퍼센트 수준이다. 성인 승객 1명 당 유아 1명까지는 따로 좌석을 배정받지 않아도 되지만 2명 이상의 유아를 동반하거나 아이를 안고 가는 것이 부담스럽다면 소아 요금을 내고 별도 좌석을 사자. 더 자세한 내용은 대한항공 홈페이지를 참고하면 된다.

짐이 절반으로 줄어드는 외투 보관 서비스

겨울 여행, 목적지는 따뜻한 남쪽 나라다. 이럴 때 난감한 게 있다. 인천공항까지는 두꺼운 외투를 입을 수밖에 없는데, 막상 공항에서 이 외투를 가방에 넣자니 한짐이다. 이때 처치 곤란 외투를 초간단하게 처리할 수 있는 꿀팁이 있다. 코로나19 시기 사라졌던 외투 보관 서비스가 엔데믹과 함께 돌아오고 있다. 매년 겨울마다 써먹을 수 있는 꿀팁이니 잘 알아두실 것.

우선 '아시아나항공'이다. 코로나19 사태로 3년간 중단됐던 서비스를 되살렸다. 아시아나항공은 모바일 세탁 서비스 '런드리고'를 운영하는 '의식주컴퍼니'와 협업해 매년 겨울 외투 보관 서비스를 제공한다. 아시아나항공은 국제선 왕복 항공편을 이용하는 아시아나클럽 및 스타얼라이언스 회원 중 탑승 수속(웹·모바일 체크인 포함)을 마친 탑승객, 비즈니스 클래스 탑승객(비회원 이용 가능)을 대상으로 공짜로 서비스를 해준다. 다만 코드셰어편은 서비스 제공 대상에서 제외다. 외투 보관 장소는 인천공항 제1여객터미널 소재 런드리고다. 탑승권을 제시한 후 외투를 맡기면 된다. 1명당 1벌에 한해 최장 5일간 무료 보관이 가능하다. 보관 기간 연장 시 추가 요금이 발생한다.

'대한항공'도 탑승객의 겨울 외투를 보관하는 '코트룸Coatroom' 서비스를 매년 겨울 실시한다. 코트룸 서비스는 인천공항을 통해 출국하는 대한항공 국제선 항공권을 산 사람이라면 누구나 이용 가능하다. 서비스 이용 고객은 탑승 수속 후 인천공항 3층 '한진택배' 접수처와 A20 카운터에 외투를 맡기면 된다. 귀국한 후에는 인천공항 제2여객터미널 1층 한진택배 매장에서 찾으면 된다. 탑승객 1명당 외투 1벌을 최장 5일간 무료로 맡길 수 있고 이후 추가 보관료가 부과된다. 추가 보관료는 대한항공 스카이패스 마일리지로도 결제할 수 있다.

저비용항공사 중에서는 FSC 계열 항공사들이 외투 보관 서비스 전문업체에 할인을 제공하는 방식으로 유료 서비스로 외투를 보관해주고 있다. 대한항공 계열의 '진에어'는 '크린업에어'와 제휴를 맺고 있다. 인천발 국제선 이용 고객 대상으로 해당 업체의 외투 보관 서비스 할인해준다. 인천공항 제2여객터미널 교통센터 소재 크린업에어 매장에서 진에어 탑승권을 보여주고 외투를 맡기면 된다. 진에어 탑승객에게는 20퍼센트 할인이 적용된다. 아시아나항공 계열 '에어서울'도 협력사 서비스 할인 방식으로 외투 보관 서비스를 진행하고 있다.

기내에서는 현지 시간에 맞춰 행동하라! 장거리 여행 꿀팁

엔데믹 시대 하늘길이 열리면서 장거리 비행이 늘고 있다. 그런데 이게 만만치 않다. 나처럼 나이 좀 들어보면 안다. 시차 적응 안 되는 건 기본이고 생체리듬까지 깨져버린다. 마침 '대한항공' 항공의료센터 전문가들이 내놓은 시차증후군 예방법과 건강한 항공 여행 조언이 있다.

우선 시차증후군 예방법이다. 비행기 탑승 전과 후의 행동 요령을 습득하면 된다. 일단 여행의 방향이 중요하다. 유럽이나 동남아 등 서쪽으로 이동하는 경우다. 비행기 탑승 3일 전부터 1~2시간 늦게 잠들고 늦게 일어나는 것이 도움이 된다. 반대로 북미나 하와이 등 동쪽으로 이동할 경우 1~2시간 일찍 잠들고 일찍 일어나는 것이 도움이 된다. 왜일까? 지구 자전과의 관계 때문이다. 회전 방향과 도는 방향까지 고려하면 머리 복잡해지니 그냥 외워두는 게 속 편하다.

만약 이마저도 복잡하다면 방법이 없다. 비행기 탑승 전날이라도 8시간 이상 충분한 수면 시간을 확보해야 한다고 조언한다. 여행 전 수면이 부족한 경우 현지에서의 시차 적응이 어려울 수 있어 자칫 즐거운 여행 일정에 차질을 초래할 수 있어서다.

비행기 탑승 후라면? 무조건 현지 시간에 맞춰 행동하길 추천한다. 오전 시간에 도착한다면 기내에서는 안대와 귀마개, 편하고 보온성을 갖춘 옷을 착용해 질 좋은 수면을 취하는 것이 좋다.

도착했다면? 일단 낮잠을 줄여야 한다. 야외 활동을 통해 충분한 햇볕을 쬐면 수면 호르몬이라 불리는 멜라토닌의 분비를 조절해 야간 수면에 도움이 된다. 반대로 목적지에 저녁 시간대 도착 예정이라면? 기내에서는 잠을 좀 참고 각성해 있는 것이 좋다. 그리고 도착한 후에는 바로 쓰러져 자야 한다.

기내에서의 음주는 일시적인 졸음을 유도하지만 숙면을 저해해 피로도를 높일 수 있으니 주류 대신 물을 충분히 마셔 좋은 컨디션을 유지하는 것도 알아두자.

기내 담요, 절대 그냥 가지고 나오면 안 되는 이유

여행 갈 때마다 궁금한 것 하나, 기내 담요를 가지고 나오면 어떻게 될까 하는 점이다. 포스트나 블로그에 관련 글도 많다. 실제 처벌을 받는다는 의

견이 대부분인데, 정말 그럴까? 그래서 직접 물었다.

① 매달 1만 장이 사라진다고?

'슬쩍' 들고 나오는 사람이 의외로 많다. 심지어 온라인 카페에는 기내 담요를 판다는 매도 글도 심심치 않게 보인다. 여행하는 꾸기마저 슬쩍하는 마음을 동하게 만든 담요다. 그런데 분실 숫자가 장난이 아니다. 한국의 한 항공사에 따르면 여름 휴가철 성수기에 사라지는 담요 개수만 월평균 1만여 장이라고 한다. 제작비 기준 금액으로 따지면 약 8,000만 원 가까이 피해를 보고 있다고 한다.

② 가지고 나오면 어떻게 될까?

하도 말도 많고 탈도 많아 실제 담요를 가지고 나오면 처벌을 받는지 직접 항공사에 물어봤다. 답변은 항공사에서 절도죄로 고소하면 '처벌을 받을 수 있다'는 것이다. 처벌 수위는 6년 이하의 징역이나 1,000만 원 이하의 벌금형이다. 절도죄는 성립 요건이 핵심인데, '타인의 재물에 대해 불법영득의사를 가지고 고의로 저질렀을 경우'에 해당된다. 이 경우 '빼박'이다. 항공사가 걸면 걸린다. 보라색 담요로 유명한 '대한항공'은 아예 경고문을 담요에 붙여두고 있다. "담요를 항공기 외부로 반출 시 처벌받을 수 있습니다.PROPERTY OF KOREAN AIR." 여행족들이 보면 깜놀할 살벌 문구다.

③ 왜 담요만 가지고 나오고 싶을까?

왜 하필 담요일까? 나름 이유가 있다. 기내 담요는 특수 자재를 사용한다. 불에 타지 않아야 하는 난연성이 가장 핵심이다. 당연히 작은 불에는 그을음조차 발생하지 않는다. 여기에 순모 재질을 사용해서 가볍고 따뜻하고 포근하다. 여행지에 가져가면 그야말로 끝내주는 보금자리가 되니 1등 타킷이 될 수밖에 없다. 신체에 딱 맞는 사이즈에 촉감도 부드럽다. 게다가 그냥 주는 듯한 분위기다. 그러니 자동으로 슬쩍하고 싶어진다.

④ 저비용항공사는 어떨까?

저비용항공사는 담요를 제공하지 않는 곳이 대부분이다. 대신 판매를 한다. 항공사 쇼핑몰을 이용하면 된다.

1분 만에 체크인?
출국 시간 대폭 줄이는 꿀팁

성수기, 붐빌수록 짜증나는 게 체크인 과정이다. 성수기, 비수기 할 것 없이 '대한항공'을 이용할 경우 공항 내 탑승 수속과 수하물 신속 처리 꿀팁이 있다.

우선 사전 체크인이다. 출국 전 모바일 애플리케이션과 홈페이지에서 사전 체크인이 가능하다. 집에서 딱 1분이면 된다. 당연히 공항 현장에서 긴 줄을 설 필요가 없다. 대한항공 모바일 애플리케이션이나 홈페이지에 접속해 체크인하고자 하는 '예약 조회→좌석 선택→모바일 탑승권 발급' 과정을 거치면 끝이다.

온라인 사전 체크인은 탑승 시간만 지키면 된다. 국내선 사전 체크인은 항공편 출발 48시간~30분 전에 가능하다. 국제선은 항공편 출발 48~1시간 전에 할 수 있다. 다만 미국, 캐나다 항공편은 체크인 가능 시간이 24~1시간 전이다. 온라인 체크인을 완료했는데, 국내선 20분 전, 국제선 1시간 전까지 출국장에 입장하지 않으면 체크인은 자동 취소되니 주의해야 한다.

오토 체크인 제도도 있다. 이 서비스는 항공권 결제를 완료하는 동시에 신청 가능하다. 결제를 마친 후 예약 조회를 해서 체크인하기 버튼만 클릭하면 된다. 오토 체크인 신청 고객은 항공편 출발 24시간 전에 별도의 조치 없이도 자동으로 체크인되고 고객이 입력한 탑승권 수령 연락처로 모바일 탑승권이 전송된다.

사전 체크인을 못 했다면? 현장 수속 방법이 있다. 공항 현장에 있는 무인 탑승 수속 시스템인 키오스크다. 현장 키오스크로 출발 시간 기준 국내선 30분, 국제선 1시간 전까지 체크인할 수 있다. 대한항공 전용 키오스크는 인천공항 내 44대에 달한다.

위탁 수하물도 빠르게 부칠 수 있다. 셀프백드롭 서비스다. 항공사 직원의 도움 없이도 고객이 직접 수하물을 처리할 수 있는 시스템이다. 위탁 수하물 부칠 때 요주의 사항은 나의 '불담배' 암기법으로 외워두고 있으리라 믿는다. '불(라이터)+담(전자담배)+배(보조배터리)'는 위탁 수하물 금기물이다.

장거리 노선 20퍼센트 이상 돈 아끼는 꿀팁

여행 하수들의 특징은 꼭 대형 항공사, 그리고 국적기만 고집한다는 점이다. 눈을 돌려보자. 장거리 여행이다. '대한항공'이나 '아시아나항공' 말고 외국 항공사로 눈을 돌려보면 어떨까? 요즘은 한국인 승무원이 대부분 탑승하니까 언어도 겁먹을 것 없다. 지금부터는 장거리 여행 시 외항사를 통해 돈 아끼는 특급 꿀팁이다.

국적기, 물론 좋다. 대한항공과 아시아나항공을 타면 한국어로 기내 서비스를 받을 수 있으며 한식을 먹일 수 있다는 점도 장점이다. 단점도 있다. 비용이다. 같은 노선이면 20퍼센트는 더 내야 한다.

국적기를 이용해 목적지까지 가고 싶지만 항공권 가격이 비싸서 걱정이라면 코드셰어(공동운항)편이 딱이다. 코드셰어는 특정 노선의 좌석을 2개 이상의 항공사가 함께 판매하는 형태를 말한다. 대한항공을 예약해 프랑스를 갈 때 '에어프랑스'를 타고 목적지로 가는 경우다. 이게 당연히 싸다. 같은 노선이면 코드셰어편이 20퍼센트 정도 싸다고 보면 된다.

대한항공은 현재 40여 개에 달하는 항공사와 800개가 넘는 노선에 대해 코드셰어를 실시하고 있다. 전체 노선 대비 10~20퍼센트선이다. 아시아나항공도 마찬가지다. 계열사인 '에어부산'과 '에어서울'을 포함해 '유나이티드항공', '터키항공', '싱가포르항공', '카타르항공' 등 30여 개 항공사와 제휴를 맺고 코드셰어 중이다.

항공권을 검색하다 보면 "해당 항공편은 공동운항으로 ○○항공사와 함께 운항한다"라는 메시지를 발견할 수 있다. 바로 이거다. 반대의 경우도 있다. 외항사 홈페이지에서 해당 노선 항공권을 끊어두면 국적기를 타고 목적지에 가는 경우다. 비용도 절감하고 국적기도 타고 일석이조의 효과를 볼 수 있다.

잠깐, 주의사항이 있다. 노선에 따라 외항사 항공권이 비싼 경우도 간혹 있다. 미리 비교하면 된다.

챗GPT편

여행전문기자 경력만 15년이다. 그렇게 쌓아둔 꿀팁, 배틀로 한판 붙어보고자 이번 챕터를 만들었다. 그 상대는 '정보의 신神'으로 불리는 그 분, 챗GPT다. 까짓것 액면 다 까고 진검승부를 펼친다. 대놓고 물었다. 질문은 여행 고수들 사이에서도 논란이 분분한 꿀팁들이다. 15년 이상을 여행 바닥에서 굴러먹은 내가 판단은 정밀하진 않지만 썩 괜찮다는 것. 다음은 그 결과물이다. 참고해보시라.

* 2023년판 '구글 바드'의 검색물도 참고했지만 아직은 내공이 한참 약하다. 미안한 이야기지만 바드는 좀 더 공부하고 오시길.

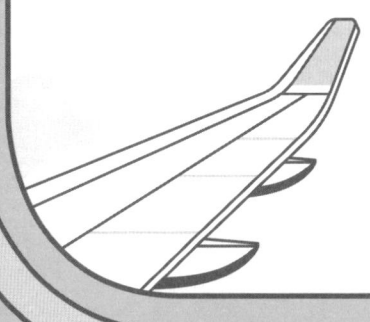

챗GPT에게 물었다
: 호텔 무료 업그레이드를 받으려면?

와, 놀랍다. 이 정도일 줄 몰랐다. 정확히 맥을 파악하고 있는 호텔 무료 업그레이드 꿀팁이다. 대놓고 물었더니 조목조목 답한다. 기가 막힌 답변이다.

① 예약 시 호텔에 직접 연락하기

호텔을 예약할 때 직접 호텔에 연락해 업그레이드 가능성을 물어보세요. 프런트 데스크 직원과 친절하게 대화하면 업그레이드를 얻을 확률이 높아질 수 있습니다.

→ 이게 핵심이다. 사실 특급 호텔 프런트 데스크만큼 유연한 곳도 없다. 방 예약 상황에 따라, 고객의 응대와 환대 정도에 따라 유연하게 방 업그레이드 여부가 결정된다. 순간적으로 데스크 직원과 친해질 수 있다면 의외의 업그레이드가 가능한 곳이 또 특급 호텔이다.

② 특별한 기념일 언급하기

결혼기념일, 생일 또는 특별한 기념일이 있을 때 이를 호텔에 알리고 업그레이드를 요청하세요. 호텔은 이런 기념일을 축하하고 고객에 대한 서비스를 개선하기 위해 노력할 수 있습니다.

→ 놀랍다. 나 역시 PART 1에서 호텔 웰컴 선물 공짜로 받는 필살기로 '허니문'을 강조하라고 했다. 이것까지 알고 있다니.

③ 멤버십·리워드 프로그램 이용하기

호텔 체인의 멤버십 프로그램에 가입하고 리워드 포인트를 쌓아두면 업그레이드 기회를 더 많이 얻을 수 있습니다. 멤버십 프로그램의 특전으로 업그레이드가 제공되기도 합니다.

→ 너무나 당연한 이야기다.

④ 방 선택 시간 조정하기

호텔 예약 시 특정 시간대의 방 선택 옵션을 활용해 호텔에 더 많은 방이 사용 가능한 시간대를 요청하세요. 조용한 시간대일 경우 업그레이드 가능성이 높아질 수 있습니다.

→ 정확히 맥을 짚고 있다. 다만 시간을 특정하는 단계까지 나아가지는 못했다. 첨언을 하자면, 호텔리어들은 체크인 시간을 오후 4~6시 사이로 잡는 게 좋다고 귀띔한다. 즉, 오후 2시(한국은 3시)부터 체크인이 시작돼 4~6세에 당일 방 배정이 대부분 마무리된다. 빈방이나 프리미엄 방이 비어 있는 게 한눈에 확인되니 업그레이드 확률도 높아진다.

⑤ 프런트 데스크 도착 시 표정과 태도 밝게 하기

호텔에 도착할 때 프런트 데스크 직원에게 친절하고 예의 바르게 대하십시오. 긍정적인 태도와 웃는 얼굴은 업그레이드를 얻을 확률을 높일 수 있습니다.

→ 역시나 핵심이다. 웃는 얼굴에 침 뱉을 수 없다. 뭐라도 하나 더 준다.

⑥ 추가 서비스 구입하기

호텔 예약 시 추가 서비스를 구입할 경우 업그레이드 또는 VIP 서비스가 제공될 가능성이 높아질 수 있습니다. 예를 들어 아침 식사 포함 패키지를 선택하거나 스파 서비스를 추가해보세요.

→ 당연한 예기다. 대부분 '룸 온리Room Olny'보다 조식을 포함할 경우 자동 할인이 된다.

⑦ 번외 팁

호텔 이벤트나 행사, 비즈니스 시즌 피하기 등이 있다.

마지막으로 챗GPT가 언급한 마무리 문장이다.

무료 업그레이드를 얻기 위해서는 예의와 웃는 얼굴, 세심한 요청이 중요합니다. 그러나 항상 업그레이드를 받을 수 있다는 보장은 없으므로 이런 요구사항을 표현할 때 무언가를 기대하지 않는 태도로 접근하세요.

'안면 신공(아는 척하기)'이 쉽게 먹혀드는 게 호텔 업그레이드다. 꼭 써먹길 바란다.

챗GPT에게 물었다
: 항공권 싸게 사는 꿀팁은?

대놓고 챗GPT에게 물었다. 항공권 싸게 사는 꿀팁, 장난 아니다. 다음은 여행 천재, 그분의 지침이니 새겨두자.

① 일찍 예약하기

챗GPT는 '얼리버드' 노하우도 알고 있다. 이 천재가 콕 집은 최적의 시간은 출발일 기준 6주에서 3개월 사이다. 이 기간에 빨리 끊으면 항공권을 가장 싸게 살 수 있다는 조언이다.

② 항공사 비교하기

가격 비교야 누구나 알 것이다. 항공권 가격 비교 사이트 또는 애플리케이션을 이용하거나 항공사 공식 홈페이지를 방문해 검색할 것을 권한다.

뭐 평범한 노하우다.

③ 유연한 일정 선택하기

출발일과 도착일이 유동적일수록 항공권 가격도 더 유연해진다는 것이다. 가능한 한 유연한 일정을 선택하는 것이 좋다는 조언이다.

④ 직항편 대신 연결편 선택하기

대단하다. 경유의 노하우도 알고 있다. 물론 평범한 수준이다. 답변을 그대로 옮기면 다음과 같다.

직항편보다는 연결편을 선택하는 것이 더 저렴할 수 있습니다. 연결편은 시간이 더 걸리지만 가격이 더 저렴하므로 비용을 절약할 수 있습니다.

전문기자가 첨언하자면 '스카이스캐너' 빅데이터 조사 결과, 일반 항공권보다 평균 19퍼센트 싸게 끊을 수 있는 게 경유 항공권이다. 심지어 유럽일 경우 러시아를 찍고 가면 최대 39퍼센트의 할인율을 누릴 수 있다. 미국은 중국을 경유하면 40퍼센트대까지 가격이 싸진다. 이쯤 하고 보니 챗GPT보다는 전문기자 수준이 높은 것 같다.

⑤ 프로모션 코드·할인 혜택 활용하기

항공사나 항공권 예약 사이트에서 제공하는 프로모션 코드나 할인 혜택을 활용하는 것도 좋은 방법이다. 챗GPT는 이를 위해 항공사나 항공권 예약 사이트의 이메일 뉴스레터를 구독하거나 SNS를 팔로우할 것을 권한다.

⑥ 마일리지 적립해 사용하기

물론 평범한 수준의 조언이다. 항공권을 예약할 때 항공사의 마일리지 프로그램에 가입해 마일리지를 적립하라는 아이디어다. 적립한 마일리지를 항공권 예약에 사용할 수 있으므로 이를 활용하는 것도 좋은 방법이라는 설명, 역시나 평범하다. 요즘 워낙 핫하다 보니 별 걸 다 해본다. 참고하시라.

챗GPT에게 물었다
: 여행 후 남은 동전은 어디에 쓸까?

여행은 다녀왔는데, 그 나라 동전이 남아돈다. 환전도 어려워 골칫거리다. 그래서 어디에 쓰면 좋을지 그분께 물었다. 역시나 이 골칫거리를 모를 리 없다. 챗GPT 역시 "하지만 일부 나라의 경우 동전을 환전하는 것이 어려울 수 있습니다"라고 전제하면서 해법을 제시한다.

① 기념품 구입하기

동전은 작은 금액이라도 기념품 구입 등 여행에서 살 수 있는 작은 물건을 사는 데 쓸 수 있습니다. 자석, 열쇠고리 등 동전을 활용해 소품을 구입할 수 있습니다.

→ 동전의 화폐단위가 큰 일본이나 유럽권역일 경우 이 꿀팁이 좋다. 귀국 직전 동전이 남았다면 공항 편의점이나 기념품 가게에 들른다. 화폐단위가 큰 동전인 만큼 의외로 자석, 열쇠고리 등을 여러 개 살 수도 있다. 선물 생색내시라.

② 기부하기

동전을 기부할 수도 있습니다. 예를 들어 여행 도중 방문한 교회나 기부 단체 등에 기부할 수 있습니다.

→ 환전 센터 앞에 저금통이 놓여 있다. 동전은 기부하라는 의미다.

③ 선물하기

동전을 가지고 있는 친구나 가족에게 선물로 줘도 좋습니다.

→ 아예 선물용으로 동전 수집을 해도 된다. 다만 여행을 자주 다니는 사람에 한한다.

④ 다음 여행을 위해 저축하기

다음 여행 때 쓰기 위해 동전을 저축해두는 것도 좋은 방법입니다.

→ 저축도 가능하다. 외화 거래 통장을 개설했다면 좋은 꿀팁이다. 일본, 유럽권역 등지의 동전 화폐단위가 큰 나라일 경우 이 방법이 의외로 좋다. 방을 뒤져 외국 동전이 나오면 은행으로 뛰어가 저금하시라.

챗GPT에게 물었다
: 요주의 해외 사기꾼 유형은?

해외 현지에서 자칫 당할 수 있는 사기 유형이 있다. 주의해야 할 요주의 '사기 유형' 혹은 '사기꾼 리스트'다. 외교부에서도 자주 공지를 띄운다. 그래서 그분께 물었다. 챗GPT가 정리한 요주의 사기 유형이다.

① 가짜 투어 예약

가짜 여행사를 사칭해 투어 예약을 받은 후 돈을 받고 사라지는 경우가 있습니다. 이 경우 예약을 하기 전에 여행사의 신뢰성을 확인하고 예약금을 미리 지불하지 않는 것이 좋습니다.

→ 한국이나 해외나 사기 유형은 매한가지다. 가짜 여행사는 어디를 가나 문제다. PART 1에서 알려준 '보신증' 공식으로 간단히 해결할 수 있다. '보(보증보험 가입 여부)+신(신용카드 결제)+증(증빙서류 보관)'은 필수다.

② 가짜 경찰·관공서 사칭

해외여행 중에는 경찰이나 관공서를 사칭해 여행객들의 돈을 강탈하는 경우가 있습니다. 이런 경우에는 경찰이나 관공서의 진위 여부를 확인하고 가능하면 관광정보 센터나 대사관 등 공식 기관에 신고하는 것이 좋습니다.

→ 이거 낭패다. 믿어야 할 경찰, 관공서 직원인 척 대놓고 사기를 친다. 한때 필리핀 등 동남아 지역에서 유행했던 사기다. 버젓이 경찰 행세를 하는데, 아니다. 작정하고 덤비니 당할 수밖에 없다. 코로나19 사태 직전에는 공항 검색대 가방 검사 과정에서 아예 가방을 뒤져 고가 물품을 빼내는 경우도 종종 있었다. 주의하자.

③ ATM 스캠

해외여행 중 ATM에서 돈을 인출할 때 카드 정보를 훔치는 스캠이 일어날 수 있습니다. 이 경우에는 가능하면 은행이나 카드사에서 제공하는 안전한 ATM을 이용하고 PIN 번호를 보호하는 것이 좋습니다.

→ 장기 체류가 아니라면 해외에서는 ATM 거래를 안 하는 게 좋다. 요즘 일본의 경우는 모바일 기반의 다양한 페이를 쓸 수 있으니 활용하길 바란다.

④ 가짜 택시

해외여행 중 가짜 택시를 이용하는 경우 요금을 과도하게 받거나 강제로 돈을 요구하는 경우가 있습니다. 이 경우에는 공식 택시를 이용하고 가능하면 사전에 요금을 확인하는 것이 좋습니다.

→ 베트남의 경우가 핵심이다. 워낙 많은 종류의 택시 회사가 있으니 요주의다. 그래서 챗GPT도 모르는 베트남 택시 이용 꿀팁을 간단히 정리했다. 베트남에 갈 계획이 있다면 외워두시라.

챗GPT도 모르는 신익수의 베트남 택시 이용 꿀팁

신뢰도 있는 택시를 이용하라!
베트남 택시 쌍톱이 있다. '마일린Mailinh'과 '비나선Vinasun'이다. 마일린이나 비나선이 없다면 택시 외관에 적힌 요금표와 택시 회사 번호, 이 2가지를 확인하시라.

크기에 따라 요즘이 달라진다!
덩치가 큰 SUV 택시와 준중형 택시가 있는데, 큰 택시와 작은 택시의 가격 차이가 많게는 2배 이상 나기도 한다. 특히 휴양지라면 요주의다. 몸이 좀 힘들더라도 작은 택시를 타는 게 바가지 안 쓰는 지름길이다.

잔돈은 그냥 주라!
요금에서 5,000동VND까지는 그냥 팁으로 준다고 생각할 것. 5,000동이면 우리 돈 250원 정도다. 1,000동 이하는 생략도 많으니 기꺼이 주시라.

⑤ **가짜 상품 판매**

해외여행 중 가짜 상품을 판매하는 경우가 있습니다. 이 경우에는 공식 매장에서 상품을 구입하거나 가능하면 현지인과 함께 구입하는 것이 좋습니다.

→ 가이드와 함께라고 안심하지 마시라. 그 가이드도 현지 상점에서 인센티브 받는다. 주의하는 수밖에 도리가 없다.

⑥ **인터넷 사기**

해외여행 중 인터넷을 이용해 사기를 당하는 경우가 있습니다. 이 경우에는 안전한 Wi-Fi를 이용하고 개인정보를 보호하는 것이 중요합니다.

→ 특히 무료 Wi-Fi라고 덥석 잡다가는 털릴 수 있으니 요주의다.

챗GPT에게 물었다
: 비행기에서 귀가 아프다면?

아이들과 함께 비행 중이라면 가장 난감한 게 귀 통증 호소다. 민간요법인 '침을 삼키라'고 해도 통증은 이어진다. 어떻게 대처해야 하는지 챗GPT는 알고 있을까?

기내에서 귀가 아프다면 그것은 대체로 고도병 또는 비행기 귀증후군(airplane ear)으로 알려져 있는 상황일 수 있습니다. 이런 증상은 대기압 변화로 인해 발생할 수 있으며 특히 이륙과 착륙 시에 발생이 흔합니다. 귀 통증, 이명, 균형 장애 등 다양한 증상을 동반할 수 있습니다.

이어서 챗GPT가 알려준 조치법이다.

① 귀 통증 완화하기

기내에서 귀 통증을 완화하기 위해 삼투압(이어플러그 사용)을 사용하는 것이 도움이 될 수 있습니다. 이는 대기압 변화를 완화하고 귀에 가해지는 압력을 줄여줍니다.

→ 이어폰을 끼는 것만으로도 도움이 된다니. 앞으로는 영화를 보여주거나 음악을 들려줘야겠다.

② 삼투압 운동하기

이어플러그를 사용하지 않는다면 기내에서 몇 가지 삼투압 운동을 시도해볼 수 있습니다. 입을 크게 벌리고 코를 죄고 압력을 유지하며 입안에서 공기를 내뱉습니다. 이런 동작을 몇 번 반복하면 귀의 압력을 조절할 수 있습니다.

→ 좋다. 운동요법이다. 써먹어봐야겠다.

③ 물 섭취하기

비행 중에 충분한 물을 섭취해 목이 건조하지 않도록 유지하십시오. 목이 건조하면 귀 문제가 더 심화될 수 있습니다.

→ 물만 마셔도 된다. 침을 삼키라는 민간요법과 일맥상통한다.

④ 특정 약물 복용하기

일부 사람들은 비행 전에 해로신제(antihistamines)나 혈액순환을 촉진하는 약물을 복용해 귀 문제를 예방하는 데 도움을 받을 수 있습니다. 그러나 의사와 상담 후에만 약물을 복용해야 합니다.

→ 약물요법도 가능하다니.

챗GPT에게 물었다
: 여성 혼자 여행, 주의점과 추천 나라는?

나 홀로 여행이다. 게다가 여성분이라면 더욱 조심해야 한다. 여행 만능 고수 챗GPT의 주의점과 추천 나라 리스트다. 참고해보시라. 먼저 챗GPT가 조목조목 찍어준 주의점이다.

① 여행지 조사하기

여행지의 문화, 법률, 관습, 의상 규정 등을 사전에 조사하고 이해하세요. 현지 문화와 관습을 존중하며 적응하세요.

→ 당연한 거다. 할랄 문화가 있는 곳, 얼굴을 가려야 하는 곳이라면 필히 알고 있어야 한다.

② 안전한 여행지 선택하기

여성 혼자 여행 시 안전한 여행지를 선택하세요. 여행 경보, 범죄 발생률 및 여성 안전에 대한 정보를 확인하세요.

→ 안전한 여행지 선택이야 기본 중 기본이다. 여행 안전도 점검법, PART 1에서 '공사공사' 암기법으로 알려준 바 있다. 나라별 안전도 점검 사이트(www.0404.go.kr)를 함께 참고하시라.

③ 숙박 장소 선택하기

안전하고 신뢰할 수 있는 숙박 장소를 선택하세요. 고객 리뷰를 확인하고 숙박 장소 주변의 안전 여부를 고려하세요.

→ 숙소 선택은 안전의 핵심이다. 특히 공유 숙박은 댓글까지 꼼꼼히 확인해봐야 한다. 여성 전용 숙박업소도 있으니 필히 이용해야 한다.

④ 의복과 외모 주의하기

현지 문화에 적합한 의복을 선택하고 지나치게 비밀스러운 외모로 여행하지 않도록 주의하세요. 주변 환경과 조화를 이루세요.

→ 히잡을 쓰는 이슬람 문화권이 이런 경우다. 오히려 SNS용으로 당당히 얼굴을 드러내고 다니다 위험한 상황에 처할 수 있다. 튀면 '타깃'이 된다. 로마에서는 로마법을 따를 것.

⑤ 가방 관리하기

가방에 소중한 물품을 보관하고 항상 주의하세요. 가방에 대한 주의를 기울이며 지갑이나 휴대전화를 직접 손에 들고 다니세요.

→ 가방 관리 역시 중요하다. 잠깐 낮잠을 잘 때는 깔고 주무시라.

⑥ 현지 여성과 연락하기

현지 여성과 연락하고 현지 정보를 얻는 것이 유용할 수 있습니다. 호스텔이나 여성 전용 숙소에 머무르면 현지 여성과 소통하기 쉬울 수 있습니다.

→ 좋은 정보다. 장기 체류라면 현지 여성분이나 여성 여행족과 친분을 유지하며 정보를 얻을 것.

⑦ 대중교통 이용 시 주의하기

대중교통을 이용할 때 주의하세요. 밤에 혼자 대중교통을 이용하려면 안전한 영역과 시간을 선택하세요.

→ 백번 지당하신 말씀이다.

⑧ 야간 활동 시 주의하기

밤에 활동하는 경우에는 그룹 투어나 그룹 활동에 참여하거나 현지에서 잘 알려진 곳에 머무르세요.

⑨ 음주 시 주의하기

음주 시 주의하세요. 음주로 인한 판단력 상실은 위험할 수 있으므로 신중하게 음주를 관리하세요.

→ ⑧번과 ⑨번 항목은 함께 주의사항으로 염두에 두자.

⑩ 번외 팁

- GPS와 애플리케이션 사용하기 : 휴대전화의 GPS 기능을 사용해 여행 중에 이동 경로를 추적하고 여행 관련 애플리케이션을 활용하세요.
- 긴급 연락처 알아두기 : 현지 긴급 연락처 및 대사관 연락처를 기억하세요. 휴대전화에 저장하거나 기록해두세요.
- 현지 언어 배워두기 : 현지 언어를 조금이라도 배우는 것이 도움이 됩니다. 단어나 구문 몇 가지를 기억하고 사용해보세요.
- 대인 관계 관리하기 : 명심해야 할 중요한 것은 다른 사람들과의 대인 관계

입니다. 타인에게 너무 많은 개인정보를 제공하지 않고 친절하지만 건전한 경계를 유지하세요.
- 직감 신뢰하기 : 만약 어떤 상황에서 불안한 느낌이 든다면 직감을 신뢰하고 안전한 장소로 이동하세요.

챗GPT는 마지막 한 줄 당부도 잊지 않는다.

마지막으로, 혼자 여행하면서 항상 안전을 최우선으로 두며 주위 환경을 주시하고 조심하세요. 위험한 상황에서는 현지 경찰이나 관할 대사관에 도움을 청하세요.

다음으로 '여성 혼자 여행하기 좋은 나라' 리스트를 물었다. 챗GPT가 찍은 안전한 나라 리스트다.

① 일본
일본은 안전하고 여성 여행객에게 친절한 나라로 알려져 있습니다. 깨끗한 도시, 역동적인 문화, 맛있는 음식, 역사적인 명소 등을 즐길 수 있습니다.

② 뉴질랜드
자연경관이 아름다운 뉴질랜드는 여성 혼자 여행하기에 안전한 나라 중 하나입니다. 활동적인 여행, 하이킹, 자연 감상 등 다양한 활동을 즐길 수 있습니다.

③ 캐나다

캐나다는 안전한 환경, 다양한 자연경관, 문화적 다양성을 제공합니다. 주요 도시인 밴쿠버, 토론토, 몬트리올은 여성 혼자 여행하기 좋은 장소입니다.

④ 아이슬란드

아이슬란드는 안전하고 아름다운 자연경관을 감상하기에 최적의 여행지입니다. 온천, 폭포, 북극광 관측 등을 즐길 수 있습니다.

⑤ 호주

호주는 다양한 활동과 자연경관, 문화를 제공하며 여성 혼자 여행하기에 안전한 나라입니다. 시드니, 멜버른, 브리즈번 등의 도시를 방문할 수 있습니다.

⑥ 대만 - 타이베이

대만의 수도인 타이베이는 안전한 도시로 여성 혼자 여행하기에 인기 있는 장소 중 하나입니다. 맛있는 음식, 역사적인 명소, 시장 등을 즐길 수 있습니다.

⑦ 스웨덴

스웨덴은 안전하고 여성 친화적인 환경을 제공하는 북유럽 나라 중 하나입니다.

스톡홀름과 예테보리 등의 도시를 탐험할 수 있습니다.

⑧ **포르투갈**

포르투갈은 안전하고 친절한 사람이 많이 사는 나라입니다. 리스본과 포르투, 알가르브 지역 등을 방문할 수 있습니다.

마지막으로 그분의 총평은 이렇다.

이 나라들은 여성 혼자 여행하기에 적합한 곳이지만 여행 경험과 관심사에 따라 다를 수 있으므로 자신의 관심사와 여행 계획에 가장 적합한 목적지를 선택하는 것이 중요합니다. 또한 여행 전에 현지 나라의 여행 경보와 안전 정보를 확인하는 것이 좋습니다.

챗GPT에게 물었다
: 공짜로 여행할 수 있는 방법은?

말도 안 되는 질문, 공짜 여행 방법을 물었다. 딱 1초 만에 아이디어를

낸다. 일반적으로는 어렵지만 몇 가지 방법을 통해 무료 여행 기회를 찾을 수 있다는 것. 실제 적용 여부를 떠나 순발력만큼은 인정이다.

① 여행 블로거·리뷰어 활동하기

일부 여행 블로거나 여행 상품 리뷰어는 호텔, 항공편, 음식 및 활동을 무료 또는 할인된 가격으로 제공받는 경우가 있습니다. 그러나 이를 얻기 위해서는 영향력 있는 블로거가 돼야 하며 소셜 미디어 팔로워나 독자들을 모으는 등 노력이 필요합니다.

→ 누구나 떠올릴 수 있는 아이디어다. 핵심은 역시 '영향력'이다. 자신이 유튜버고 '실버 버튼' 소지자라면 해볼 만하다. 또한 자신이 인플루언서고 SNS 팔로워가 1만 명을 넘었다면 도전해볼 만하다.

② 마일리지·포인트 활용하기

신용카드나 리워드 프로그램을 통해 항공 마일리지나 호텔 포인트를 모을 수 있습니다. 이를 활용해 항공권과 호텔 숙박을 무료 또는 크게 할인된 가격으로 이용할 수 있습니다.

→ 역시나 지당하신 말씀이다.

③ 교환학생 프로그램 활용하기

대학생인 경우 교환학생 프로그램을 통해 다른 나라에서 학업을 할 수 있으며,

이 과정에서 학비 및 생활비를 절약할 수 있습니다.
→ 어리다면 무조건 고$_{go}$해볼 만한 도전이다.

④ 봉사 활동 참여하기

봉사 활동을 통해 여행과 봉사를 결합할 수 있습니다. 일부 봉사 단체는 숙박과 식사를 제공하며 지역사회에 도움을 주면서 여행을 즐길 수 있습니다.
→ 봉사 활동이라면 가능하다. 다만 전문적인 지식은 전제로 깔고 있어야 한다.

⑤ 숙박 교환 활용하기

카우치서핑(Couchsurfing)과 같은 플랫폼을 사용해 무료로 현지 숙박을 찾을 수 있습니다. 또한 집 공유 서비스를 통해 지역 주민들과 함께 머물 수도 있습니다.
→ '카우치서핑'은 공유 숙박 콘셉트인데, 이 플랫폼은 숙박 교환을 전제로 한다. 굿 아이디어다.

⑥ 여행 장학금 활용하기

일부 단체와 재단은 여행을 지원하기 위한 장학금을 제공합니다. 자격 조건을 충족하면 장학금을 받아 여행 경비를 상당 부분 또는 전부 지원받을 수 있습니다.
→ 여행 아이디어를 접수하고 상금을 주는 곳이 있다. '한국관광공사' 공모전을 살 뒤져봐도 기회를 잡을 수 있다.

⑦ 현지 무료 활동 활용하기

현지에서 무료로 즐길 수 있는 활동을 찾아보세요. 공원, 해변, 박물관 무료 입장일, 지역 축제 및 행사 등을 확인할 수 있습니다.

→ '알바천국' 같은 플랫폼에서 자주 이벤트를 연다. 천상의 알바, 한 달에 1,000만 원짜리 도전 알바 이벤트 같은 것이다. 충분히 해볼 만하다.

⑧ 바우처·할인 쿠폰 활용하기

현지 관광 사무소나 여행 사이트에서 바우처와 할인 쿠폰을 찾아 활용하세요. 이를 통해 숙박, 식사 및 활동에 대한 할인을 받을 수 있습니다.

→ 사기만 아니라면 이런 것도 해볼 만하다. 특히 국내 거주 관광청에서는 이런 이벤트를 비정기적으로 오픈한다. 째려보고 계시라.

챗GPT에게 물었다
: 여행하면서 돈 버는 꿀팁은?

한 단계 더 나가봤다. 공짜를 넘어 돈 버는 여행법이다. 딱 1초 만에 역시나 아이디어를 줄줄 쏟아낸다.

① 여행 블로그·SNS 운영하기

여행 블로그나 인스타그램, 유튜브 채널 등을 통해 여행 경험을 공유하고 광고 수익을 얻을 수 있습니다. 이 방법은 시간이 걸리며 시작부터 수익을 얻는 것이 어렵지만 인기를 얻으면 수익을 얻을 수 있는 기회가 있습니다.

→ 당연한 이야기다. 공짜 여행처럼 핵심은 영향력이다. 구독자나 팔로워가 많다면 늘 열려 있는 기회다. 특히 요즘은 해외 특급 호텔에서 한국 인플루언서들을 초청하는 팸 투어도 많다.

② 프리랜서 활동하기

여행 중에도 프리랜서로 일할 수 있는 분야가 있다면 원격으로 일하며 돈을 벌 수 있습니다. 예를 들어 글쓰기, 웹 디자인, 소프트웨어 개발 등의 작업을 수행할 수 있습니다.

→ 롭 무어의 베스트셀러 《레버리지》라는 책을 관통하는 핵심 내용이다. 원격 수행이 가능한 기술력을 가진 당신이라면 가능하다. 여행지에서 원격으로 일만 해주면 된다. 아예 알바를 고용해도 된다. 당신이 프리랜서로 따낸 일의 총액이 1,000만 원이라고 치자. 500만 원짜리 업무로 그 일을 알바에게 주고 놀러 다녀도 500만 원은 번다.

③ 투어 가이드로 일하기

여행하는 동안 특정 지역에 대한 지식이 풍부하다면 투어 가이드로 일할 수 있습니다. 관광지에서 관광객을 안내하고 팁을 받을 수 있습니다.

→ 가이드 좋다. 나도 은퇴하고 나면 가이드 한번 생각해봐야 할 것 같다.

④ 사진·영상 촬영하기

사진이나 영상 촬영 스킬이 있다면 여행 중에 아름다운 풍경, 문화적 순간 등을 찍어 사진 라이선스를 판매하거나 유튜브에 영상을 업로드해 광고 수익을 얻을 수 있습니다.

→ 무료 사진과 영상을 무제한으로 얻을 수 있는 '픽사베이' 사이트에 묘한 항목이 있다. 스폰서 사진과 영상물인데, '후원하기' 버튼이 있다. 이런 식이다. 여행지에서 얻은 사진과 영상을 무료 업로드한 후 기회를 보면 된다.

⑤ 언어 교육하기

여행 중에 현지 언어를 가르쳐 돈을 벌 수 있습니다. 영어, 스페인어, 중국어 등을 가르치는 온라인 플랫폼을 통해 수업을 개설하거나 현지 언어 학교나 학원에서 가르칠 수도 있습니다.

→ 요즘 케이 팝 때문에 한국어에 대한 배움의 욕구가 글로벌하게 퍼져나가고 있다. 한국어 강사에 도전해보시라.

⑥ 봉사 활동 참여하기

일부 여행자들은 여행 중에 지역사회나 봉사 단체와 협력해 봉사 활동을 하며 경험을 얻습니다. 이런 봉사 활동에 대한 보상은 없을 수도 있지만 의미 있는 경험을 제공할 수 있습니다.

→ 봉사 활동이지만 현지에서 부딪히다 보면 돈 벌 기회가 온다. 미래를 위한 투자가 봉사다.

챗GPT에게 물었다
: 죽기 전에 꼭 가봐야 할 호텔은?

솔직히 이건 자신이 없다. 죽기 전에 꼭 가봐야 할 호텔 버킷 리스트, 그래서 물었다. 챗GPT가 찍어준 호텔 리스트다.

① 부르즈 알 아랍 주메이라(Burj Al Arab Jumeirah)

두바이 대표 호텔이다. 세계에서 가장 럭셔리한 호텔 중 하나로 꼽힌다. 지척이 아랍 해안가, 심지어 한국에서는 볼 수도 없는 7성급 호텔이다. 이 호텔 옥상 전망대가 압권이다. 가끔 이벤트성으로 활용한다. 한때는 세계에서 가장 높은 곳에 위치한 테니스 코트로도 활용했고 골프 황제 타이거 우즈의 조카인 샤이엔 우즈가 이곳에서 티 샷 퍼포먼스를 선보여 화제가 되기도 했다.

② 아틀란티스, 파라다이스 아일랜드(Atlantis, Paradise Island)

바하마 파라다이스 아일랜드에 둥지를 트고 있다. 두말할 필요 없는 최고 해변인 카리브에서 아쿠아바블루 워터 파크를 즐길 수 있다. 가족과 커플 모두에게 인기가 있는 최고의 호텔이다.

③ 아이스호텔(Icehotel)

대단하다. 챗GPT는 아이스호텔도 알고 있다. 스웨덴에서 겨울에만 등장하는 이벤트성 호텔이다. 얼음과 눈으로 만들어진 독특한 분위기의 객실을 제공한다. 북극권의 핫스폿에서, 심지어 얼음 속에서 1박을 한다니 무조건 버킷 리스트다.

④ 카요 에스판토(Cayo Espanto)

개인 섬에 위치한 호텔이다. 프라이빗으로는 압권이다. 고요하고 로맨틱한 휴양지로, 독채형 풀빌라를 제공해준다.

⑤ 다니엘리 호텔(Hotel Danieli)

이탈리아, 심지어 물의 도시 베네치아다. 미카란드라 광장에 둥지를 트고 있다. 곧 사라질지도 모른다는 물의 도시 베네치아의 아름다움을 느낄 수 있는 로맨틱한 숙소로 꼽힌다.

⑥ 타이타닉 디럭스 골프 벨렉(Titanic Deluxe Golf Belek)

튀르키예에 있는 호텔이다. 골프 코스와 라그즈 사우나를 갖춘 이 호텔은 지중해 해안가에 위치하고 있다. 휴양과 레저를 동시에 즐길 수 있는 최고의 명소다.

챗GPT에게 물었다
: 죽기 전에 꼭 가봐야 할 여행지는?

여행전문기자도 꼽기 힘든 '죽기 전에 꼭 가봐야 할 여행지'의 챗GPT 버전이다. 어떨까? 궁금해서 쳐봤는데, 한 번씩 읽어보시라.

① 프랑스-파리

에펠탑, 루브르박물관, 몽마르트르 언덕, 센강 등을 둘러보며 로맨틱한 분위기를 즐길 수 있는 도시다.

② 이탈리아 - 로마

고대 로마의 유적지와 풍부한 역사를 경험할 수 있는 도시로, 콜로세움과 바티칸시국, 판테온 등이 있다.

③ 그리스 - 키오크라데

섬의 아름다운 해변과 화려한 일몰을 즐길 수 있는 곳이다. 지중해에서 가장 아름다운 여행지 중 하나다.

④ 뉴질랜드

역시 챗GPT다. 뉴질랜드를 꼽다니. 뉴질랜드는 남섬과 북섬으로 나눠지며 토요토로 국립공원, 퀸즈타운, 로토루아 등이 있다. 전문기자의 개취를 첨가한다면 무조건 해봐야 할 것은 카와라우 빙하호에서의 번지점프다. 전 세계에서 가장 오래된 번지로 꼽히는 이곳의 높이는 무려 43미터다. 한국인들에게는 영화 〈번지점프를 하다〉의 촬영지로 익숙한 곳이다.

⑤ 모로코

사하라사막, 마라케시, 페즈 같은 독특한 문화와 아름다운 풍경을 제공하는 북아프리카의 나라다.

⑥ 일본

엔저를 아는 걸까. 2023년도 챗GPT는 일본을 버킷 리스트에 두고 있다. 도쿄의 현대적인 도시부터 교토의 전통적인 문화까지 다양한 경험을 제공한다는 설명이다.

⑦ 페루

마추픽추, 리마, 쿠스코 등에서 재미있는 역사와 자연 경험을 즐길 수 있다.

⑧ 아이슬란드

화산, 폭포, 온천, 극권의 아름다움을 경험할 수 있는 곳이다.

⑨ 칠레

세계적으로 유명한 토레스 델 파이네 국립공원과 아름다운 안데스산맥을 감상할 수 있는 곳이다.

유튜버편

여행하며 돈까지 번다면 최고의 행복이 아닐까? 이런 사람들이 있다. 영알남, 곽튜브, 쏘이, 여기에 100만 구독자를 거느린 해외 유명 유튜버까지. 그들의 여행 꿀팁만 뽑아 알려주겠다. 여행으로는 일가를 이룬 대한민국 최고의 유튜버가 총출동하니 이 챕터에서 알려주는 꿀팁만큼은 시간이 없어도 꼭 알아두자. 혹시 아는가. 이 꿀팁을 바탕으로 독자분들이 이들보다 더 유명한 여행 유튜버가 될지도 모를 일이다.

'영알남YAN'의 무조건 피하라! 여행지 사기 수법 4가지

눈 뜨고도 당하는 게 해외 현지에서의 여행 사기다. 유튜버 '영알남 YAN'이 외국에서 피해야 하는 5가지 유형의 사기꾼을 정리한 게 있다. 코로나19 사태 직전 전 세계를 강타했던 유형인데, 엔데믹 시대 다시금 이 수법이 꿈틀거리고 있다. 무조건 알아두시라.

① 서명 요구족

흔히 목격되는 유형이다. 길을 가는데, 종이와 볼펜을 들고 접근한다. 이름하여 '서명 요구족'이다. 영알남이 악질 중 악질로 올려놓은 사기꾼 유형이다. 일단 영알남의 조언은 "여러 장의 종이에 서명을 요구하면 무조건 피할 것"을 주문한다. 서명하는 란을 통해 정보 도용은 기본이고 잠깐 서명하는 사이에 다른 소매치기 일당이 가세해 물건을 빼가는 경우도 있다.

② 엉클 톰

흔히 '엉클 톰'으로 분류되는 악질이다. 친절한 삼촌, 톰처럼 다가온다. 대부분 기차역이나 공항에서 등장한다. 티켓 발권같이 여행객들이 친숙하지 않은 어려운 일에 헬퍼를 자처하는 것이다. 영알남은 '도움을 주는' 엉클 톰들도 무시하라고 조언한다. 결과는 뻔하다. 발권이 끝나면 도움을 줬던 사람이 갑작스럽게 무리한 요구를 해온다. 여행객이 요구를 들어주지 않으면 친구들을 데리고 와 피해자 코스프레를 하며 난처한 상황을 만든다. 걸려든 것이다.

③ 예술품 판매족

신 유형이다. 가끔 여행지에서 예술품을 길거리에 놓고 판매하는 이들이 있는데, 요주의다. 물론 선의로 파는 이들도 있다. 사기꾼들은 다르다. 예술품을 넓게 펼쳐놓는다. 이들이 유도하는 것은 실수다. 영알남은 "그 사람들이 예술품을 놓는 목적은 하나다. 관광객이 실수로 그림을 밟게끔 만드는 것"이라고 말한다. 마치 스치듯 건드려도 달려든다. 그림에 대한 파손 보상을 요구한다면 당한 것이다.

④ 코스프레족

'유튜브' 쇼츠에 자주 등장하는 분들이다. 일명 코스프레족이다. 분명 사람인데, 인형 분장을 하고 멈춘 듯 서 있다. 영알남은 코스프레족도 일단 피하는 게 좋다고 강조한다. 코스프레한 사람이 사진을 찍어준 후 갑작스럽게 돈을 요구하는 경우가 흔하다는 것이다. 영알남은 "이런 사람들은 대부분 앵벌이 그룹을 끼고 있다"라며 "조폭, 깡패가 뒤에 있다. 심하면 강도

범죄로 이어질 수도 있다"라고 경고한다.

'곽튜브'가 목숨 걸고 챙긴다!
해외여행 필수품 3가지

　구독자 176만 명을 보유한 여행 유튜버 '곽튜브'의 꿀팁은 짐 싸는 꿀팁이다. 곽튜브는 전 세계 30개국 이상을 돌아다닌 여행 고수다. 그가 절대 가져가지 않는 건 액체류다. 곽튜브는 주로 저비용항공사를 이용한다. 수하물 무게 제한 때문에 100밀리리터 액체류는 금기시한다. 그는 심지어 수화물 보내는 것도 귀찮아 웬만하면 기내로 갖고 가라는 게 그의 팁이다.

　기내 꿀팁은 오프라인 시스템이다. 그는 "인터넷이 안 되는 지역에 갈 수도 있기 때문에 오프라인으로 할 수 있는 시스템을 완비한다"라며 "기내에서도 볼 수 있는 영상(OTT, 유튜브 등)을 다운로드해 가져가면 편히 시간을 때울 수 있다"라고 강조한다. 해외에서도 마찬가지다. 간혹 인터넷이 잘 안 터지는 곳에 묵는 경우가 있다. 그런 환경에서도 한 달 살기가 가능할 정도로 오프라인 콘텐츠를 휴대전화나 태블릿 피시에 넣어간다는 설명이다.

그가 해외여행 때 꼭 챙기는 짐도 있다. 딱 3가지다. 게임기는 필수고 여기에 탈모약과 참기름을 챙긴다. 게임기는 그야말로 킬링 타임용이다. 그는 "이동 시간에 하려고 게임기를 챙긴다"라고 말한다. 그렇다면 탈모약은? 여행을 하면 머리카락이 많이 빠진다고 푸념한다. "물이 안 맞아서 그런지 여행을 6개월 하고 나서 머리카락이 많이 없어졌다. 어머니가 심각하다면서 병원에 가보라고 할 정도였다. 그때부터 탈모약을 꼭 먹는다"라고 설명한다.

참기름은 코리안 스타일의 입맛 때문이다. "고추장과 참기름을 모두 가져가면 좋지만 나는 짐을 줄이는 게 1순위다. 하나만 가져가야 한다면 모든 음식에 어울리는 건 참기름이다"라며 "밥만 비벼 먹어도 맛있다"라고 말할 정도다.

여행 초보를 위한 꿀팁은 무조건 줄이라는 조언이다. 곽튜브는 "초보자들의 특징이 여행 갈 때 짐을 잔뜩 가져가는데, 옷을 아예 가지고 가지 마라. 그럼 현지에서 옷을 구입해야 하는데, 현지 스타일을 입어볼 수 있는 기회다. 짐을 적게 가져가면 어쩔 수 없이 새로운 여행이 시작된다"라고 귀띔한다.

여기서 잠깐, 곽튜브보다 해외여행을 더 많이 다닌 나의 해외여행 필수품 하나를 곁들여주겠다. 물론 10일 이상 장시간 머물 경우다. 그때 내가 꼭 가져가는 게 손톱깎이다. 의외로 없는 호텔이 많다. 나처럼 손발톱 긴

것을 못 참는 깔끔족들은 꼭 챙길 것.

100만 유튜버 '유우키의 일본이야기 YUUKI' 일본 여행 꿀팁 7가지

엔저 현상까지 겹치며 요즘 제주도보다 싼 해외로 각광을 받고 있는 일본이다. 구독자 100만 명이 넘는 '유튜브' 채널 '유우키의 일본이야기 YUUKI' 운영자 유키마츠가 직접 공개한 7가지 일본 여행 꿀팁이다. 코로나19 직전 꿀팁부터 일본 전문 여행 작가들의 최근 꿀팁까지 버무려 넣었으니 알아두시라.

① 일본 편의점 도시락은 최고다? NO

일본 편의점 도시락만큼은 꼭 맛봐야 한다? 한국 여행족들의 대표 상식 중 하나다. 정답은? '아니다' 쪽에 가까운 '세모'다. 유키마츠는 잘라 말한다. "일본 편의점 도시락이 맛있는 건 사실이다. 하지만 최고는 아니다"라고 한다. 더 최고가 있다. 일본 마트에서 파는 도시락이다. 마트나 편의점 도시락의 퀄리티 차이는 없다. 다만 가격과 신선도, 종류 측면에서 마트 도시락이 더 우위에 있다는 게 유키마츠의 설명이다. 일본인들은 편의점보다 싸면서 종류도 더 다양한 마트 도시락을 선호한다. 결론은 편의점 도시락도 좋지만 꼭 맛봐야 하는 건 마트 도시락이라는 것이다.

→ 오히려 일본 여행 전문 작가들은 '에키벤(역사 도시락)'을 추천한다. 한국인들이 수집하듯 달려가는 곳이 후쿠오카 아래쪽 동네인 아리타역 에키벤이다. 이곳은 우리 역사와 관련이 있다. 조선 도공들이 예전에 이곳으로 옮겨간 후 도자를 생산했다. 이곳 에키벤 특징은 도시락 케이스인데, 도자기로 돼 있다. 도자로 만든 케이스에 카레류의 도시락 밥을 넣어주는데, 이게 끝내준다. 기념품도 챙기면서 먹방까지 해결하려면 볼 것 없다. 아리타역으로 달려가자.

② 일본 여행에서 동전 지갑은 필수다? NO

한때 상식처럼 인식했던 동전 지갑, 물론 동전 지갑이 있으면 좋기는 하다. 하지만 필수는 아니다. 유키마츠는 오히려 요즘 필수품은 동전 지갑이 아니라 IC 카드라고 콕 집어 말한다. 한국과 마찬가지로 일본에도 지하철, 버스, 택시, 편의점 등에 통용되는 카드가 있다. 대표적인게 '스이카Suica'다. JR과 함께 지하철을 이용할 수 있다. 동전 지갑이 아니라 오히려 IC 카드가 필수라는 의미다.

→ 물론 이건 코로나19 이전 영상이 나왔을 당시 상식이다. 코로나19를 겪고 난 일본의 현지 분위기는 또 한층 달라졌다. 심지어 뒷좌석에서 편

히 비대면으로 카드 결제를 할 수 있는 시스템까지 등장했다. 편해진 세상이다.

③ 온천은 도쿄와 오사카 시내에서 한다? NO

한국인이 많이 가는 도쿄와 오사카, 대부분 여행족들은 시내 온천을 떠올린다. 그런데 그곳, 실은 온천이 아니라 목욕탕(센토)이다. 센토는 온천수가 아닌 수돗물을 끓여 온천처럼 만든 곳이라 보면 된다. 온천수와 수돗물을 섞은 반반 온천도 있다. 결국 발품을 팔아야 한다. 진짜 온천 여행을 다녀오려면 시내가 아닌 시외에 있는 전문적인 온천을 추천한다. 그런 곳들은 100퍼센트 천연 온천수를 사용한다.

④ '아리가또 고자이마스'가 감사 인사다? NO

영어의 '땡큐' 만큼이나 친숙한 일본의 감사 인사 '아리가또 고자이마스', 감사가 필요한 때 사용하면 요긴하다. 유키마츠는 이렇게 설명한다. '아리가또 고자이마스ありがとうございます, 감사합니다'도 맞지만 그 앞에 '스미마셍すみません, 미안합니다'을 붙여 "스미마셍, 아리가또 고자이마스すみません, ありがとうございます"라고 하는 게 좋다는 것이다. 그리고 스미마셍을 말할 때는 약간 미안한 표정과 제스처를 함께 구사해야 한다고 덧붙인다.
→ 네이티브 수준의 일본 전문 작가들은 굳이 스미마셍을 붙일 필요가 없다고 귀뜸한다. '미안합니다', '죄송합니다'까지 할 필요는 없다는 것이다.

듣고 보니 그렇기도 하다. 알아서 써먹으시라.

⑤ 타투가 있으면 온천에 못 들어간다? NO

타투가 있으면 공중목욕탕 입욕 금지다? 반은 맞고 반은 틀렸다. 영화에 나오는 조폭류 문신, 이건 사실 아직도 위험하다. 다만 요즘 MZ들이 선호하는 귀여운 타투류는 가능할 수 있다. 일본도 개방적으로 변신 중이다. 타투가 있어도 온천에 들어갈 수 있도록 정부 차원에서 노력 중이다. 그래서 요즘은 50퍼센트 확률이라 보면 된다. 타투가 있어도 들어갈 수 있는 온천 반, 못 들어가는 온천 반이다. 2곳 중 1곳은 확률상 입장이 가능하다는 의미다. 포인트 문신. 타투는 허용하는 곳이 많다. 손목, 발목, 목 등의 나비류는 허용한다.

→ 그렇다면 확인할 수 있는 가장 간단한 방법은? 일본 전문 여행 작가들은 입욕 때 꼭 물어볼 것을 강조한다. 입구에 아예 문신 출입 금지 그림이나 문구 No Tattoo를 그리거나 새겨놓은 곳도 있다. 꼭 확인해보자.

⑥ 곤약 젤리에 방사능이? NO

일본에 가면 꼭 사오는 곤약 젤리에 대한 오해다. 제조 공장이 일본 후쿠시마 인근이란 이유로 곤약 젤리에 방사능 성분이 섞여 있다는 설이 있다. 유키마츠는 "아니다"라고 단언한다. 곤약 젤리 제조사들은 방사능 물질 검

사기기를 개발한 공익사단협회와 함께 방사능 측정 검사를 진행한다. 검사 결과는 매년 홈페이지에 공개하고 있다.

→ 일본 전문 여행 작가들은 아예 식품류는 제외하고 기념품을 살 것을 권한다. 어차피 일본 정부에서는 민감한 부분을 숨길 수밖에 없다. 차라리 스테디셀러인 호빵맨 모기 패치나 양배추 소화제류를 사오는 게 현명한 방법이다.

⑦ 일본 여행 전 맛집 검색은 필수? NO

맛집을 검색해 오는 사람들이 있는데, 굳이 그럴 필요는 없다는 게 유키마츠의 조언이다. 일본은 장인 문화가 발달한 나라다. 일본 곳곳에 알려지지 않은 내공 있는 식당들이 많다. 그런 식당들을 직접 찾아다니는 게 더 좋다는 것이다.

→ 일본 여행 전문기자의 팁들은 조금 다르다. 아무리 길거리에 장인들이 포진해 있어도 실패할 수 있는 맛집은 있을 수밖에 없다. 그들은 가장 요긴한 것으로 '구글 지도'를 꼽는다. 구글 지도에는 심지어 한국인들이 평가한 평점까지 나와 있는 맛집 정보를 실시간으로 확인할 수 있다. 맛집을 검색하지 않았더라도 입장 전에 이런 객관적 평가만큼은 확인하고 들어가는 게 실패를 줄일 수 있는 꿀팁이다.

'쏘이Soy The World'의
여행 3대 멍청비용을 줄이라!

50만 명에 육박하는 구독자를 거느린 여행 고수 '쏘이Soy The World', 황금 직업 노무사를 때려치우고 여행 유튜버로 승승장구하고 있는 MZ계 대표 억척 여인이다. "여자 혼자 피라미드 절대 가지 마세요" 같은 영상은 조회 수 280만 회를 찍었다. 클릭 지존인 셈이다.

쏘이는 말한다. "2년간 독종 소리 들어가면서 준비했던 시험이었는데, 7개월 수습 기간을 마치고 그냥 퇴사했다. 후회는 없다"라고 한다. 지금 직업은 인플루언서다. 타인에게 그저 긍정적인 영향을 주는 사람이다. 그가 1순위로 꼽는 여행 꿀팁은 뭘까? '멍청비용' 줄이기다.

멍청비용? 멍청해서, 스마트하지 못해서 늘어나는 현지 비용이다. 대개 이런 식이다. 요즘 터진 일본 여행을 예로 들어보자. 하네다공항에 내린 다음 도쿄까지 대략 1시간 30분이다. 그런데 지하철 노선도가 좀 복잡하다. 버스편도 애매하다. 그러니 택시를 잡아탄다. 40여 분 만에 도쿄 시내까지 진입한 후 미터기를 보니 무려 3만 엔이다. 우리 돈으로 30여만 원이다. 택시비가 살인적이라는 것만 알았어도 되는데, 멍청하니 이런 일을 당한다. 지름신을 부르고 마는 '시발비용'의 여행판 버전 같은 것이다.

여기서 파생된 3대 멍청비용이 있다.

① 시발비용 : 욱하는 순간 홧김에 낭비하는 비용
② 멍청비용 : 개인적인 부주의나 무식함 탓에 의도치 않게 지불하는 비용
③ 쓸쓸비용 : 외롭고 쓸쓸해서 사용하는 비용

첫 번째 시발비용은 '욱'이 원인이다. 여행지 옆 테이블에서 남들은 근사하게 코스 요리를 먹고 있다. 이 순간 욱하면 끝이다. 단품 요리로 만족해야 한다. 두 번째 멍청비용의 대표적인 예가 택시다. 마지막으로 쓸쓸비용도 요주의다. 요즘 둑이 터져버린 일본 같은 데서 '고독한 미식가' 흉내 낸답시고 꼬치 가게에 들어갔다가는 거덜 난다.

쏘이는 '유튜브' 영상을 통해 늘 강조한다. 알뜰 여행 비법이자 핵심은 '멍청비용을 줄이면 된다는 것'이다. 그래서 철저한 준비가 필요하다.

프로 출국러 '유소영'의 공짜 해외여행 비법

17개국 해외여행, 이 중 무료 해외여행만 무려 여덟 번이다. 프로 출국러로 불리는 유소영의 공짜 해외여행 꿀팁을 공개하겠다. 유소영의 비법은 간단하다. 공모전, 관광청 지원을 노리는 것이다. 당연히 해외여행 경비는 모두 공짜다.

① 대학생 커뮤니티 활용하기

대학생이면 무조건 이 방법을 택하라. 대학생들을 주로 모집하는 해외 봉사, 워크 캠프, 원정대 같은 경우다. 정보는 널려 있다. '스펙업'이나 '아웃캠퍼스', '씽굿' 같은 대학생 커뮤니티에서 정보를 낚으면 된다. 주기적으로 모집 공고가 올라오니 째려보고 있으라.

② 관광청·여행사 SNS 구독하기

브랜드 특성상 홍보할 목적이 분명한 관광청이나 투어 업체에서 원정대를 모집한다. 부정기적인 만큼 일단 해당 관광청과 여행사의 SNS 가입과 팔로잉은 필수다. 푸시 알림을 해두면 실시간으로 모집 공고를 확인할 수 있다. 지원서 작성 꿀팁은? 간단하다. 블로그 포스팅 기술, 팔로워 수, 영상 편집 기술, 물론 중요하다. 하지만 더 중요한 게 있다. '열정'이다. 명심하자.

③ 목마른 자가 우물을 찾는다

적극적인 방법이다. 직접 검색을 통해 다양한 모집 업체를 확인하는 것이다. 키워드 검색을 해보라. 주기적으로 포털 검색창에 '여행 모집', '원정대 모집', '패키지 모집' 같은 키워드를 넣어 검색하면 된다. 제목순이나 최신순 정렬로 보면 지금 모집 중인 원정대 정보를 한눈에 접할 수 있다. 이들 중 어떤 업체의 당첨 확률이 높을까? 당연히 관심이 떨어지는 업체들이다. 홍보에 비용을 쓰지 않아 경쟁률이 낮은 원정대들이 종종 있다. 경쟁률이 낮으니 오히려 기회다. 사기 업체(피싱 업체)들도 있으니 주의해야 한다.

④ 지원서 쓰는 요령은 열정이 핵심

선발 방식은 보통 2가지다. 자기소개서 같은 지원서를 내거나 채널과 콘텐츠 작성 능력을 어필하는 것이다. 자기소개서는 '자유분방'하고 '긍정적'인 성격임을 적극 내세워야 한다. 당연히 다양한 대외 활동 경력은 필수다. 문제는 채널과 콘텐츠 작성 능력, 이게 만만치 않다. 특히 SNS 팔로워 수가 적다거나 '유튜브' 채널 운영 경력이 없다면 망설일 수밖에 없다. 걱정할 것 없다. 스스로 부적합하다는 판단을 미리 할 필요는 전혀 없다. 유소영 역시 첫 원정대를 블로그도 하지 않고 카메라조차 없던 때에 다녀왔다고 한다. 지원자의 사연이나 열정만 보고 선발하는 경우도 많다. 일단 도전해보라.

여행 본능을 자극하는 해외 유튜버 4인

한 편의 사진이나 영상이 여행 본능을 자극한다. 유튜버 여행 영상 폭발 시대, 쏟아지는 여행 영상 크리에이터 중 '최고'라고 불리는 4인이다. 주의 사항 하나, 이들의 영상을 오래 보면 안 된다. 여행병 도질 수 있으니까.

① 한 편의 블록버스터 영화 같은 '샘 콜더'

맨몸으로 절벽에서 뛰어내린다. 고층 빌딩 위를 맨손으로 오르는 건 예사다. 초고층 빌딩 위에서 물구나무까지 선다. 여행을 하며 누구나 한 번쯤 꿈꿔봤을 영화 같은 장면들, 샘 콜더의 채널에서 전부 만나볼 수 있다. 샘 콜더의 여행 영상은 트렌드 그 자체다. '유튜브'에 'Sam Kolder'를 검색해 보시라. 단박에 안다. 대부분 여행지의 섬짓한 영상들은 그에게 영감을 받아 만든 것들이다. 그의 트랜지션을 하나하나 뜯어 분석해주는 영상들도 넘쳐난다. 지겹도록 달리는 댓글은 이런 식이다. '그의 여행 영상은 한 편의 블록버스터 영화 같다(그것도 엄청 섹시한 남자 주인공이 등장하는). 정말 화려하다. 마음 설레는 드론 샷부터 훤칠한 샘 콜더의 곡예까지(아크로바터에 가깝다).'

특히 돋보이는 게 색감이다. 흉내조차 낼 수 없다. 샘 콜더는 주로 블록버스터 영화에 자주 사용되는 Orange & Teal 컬러 그레이딩을 사용한다. 그림자 영역은 청록색을, 하이라이트는 주황색을 사용해 구분 짓는다. 극적인 보색 관계가 오히려 구독자들에게 생동감을 느끼게 해준다. 현실이 갑갑하다면 조회 수 800만에 육박하는 'My Year 2016'을 추천한다.

② 짐벌 무빙의 달인 '브랜든 리'

마치 영상 전문가가 한 땀 한 땀 여행 영상을 만들어놓은 것 같은 느낌이다. 스토리 라인까지 탄탄하다. 미지의 세계, 영상의 그곳, 끌리게 만드는 여행 뽐뿌의 달인이다.

그는 지한파이기도 하다. 그가 한 달 남짓 한국에 머물며 촬영한 'seoul wave'를 보면 안다. 서울의 모든 포인트를 모조리 담아냈다고 해도 될 정도다. 팔팔 뛰는 역동의 시장 모습, 정반대 골목의 음습함, 퀴퀴한 지하 피시방, 성형, 연예인, 인터넷 방송까지 모두 섞어낸다. 대각들도 많다. 카메라 무빙이 끝내주는 'hong kong strong' 같은 영상만큼은 꼭 보길 바란다. 브랜든 리가 직접 설명해주는 짐벌 운용 팁은 덤이다.

③ 여행 편집의 신 '제이알 알리'

창작도 모방의 일부라고 주장하는 김정운 교수의 《에디톨로지》를 떠올리면 이해가 쉽다. 편집 기술의 달인인 제이알 알리다. 마치 꿈속에서 일본을 여행하는 느낌의 'A Japanese Dream'은 그야말로 환상적이다. 홀로그램으로 구성한 편집, 차가운 색감은 일본 여행의 색다른 맛을 선사하고도 남는다. 구독자는 34만 명 정도다. 미래지향적인 노래까지 흠잡을 것 없이 완벽하다. 그의 채널 대문에는 'STORIES THROUGH LENS'라는 슬로건이 적혀 있다.

④ 여행은 모험이다 '루이스 콜'

'FunForLouis', 여행보다는 모험에 가깝다. 거칠지만 느낌이 있다. 히피 느낌의 레게 머리 주인공이 등장해 10여 분을 여행하는 게 전부인데, 이게 여행 본능을 자극한다. 구독자는 무려 199만 명이다. 그는 여행을 루이스 콜의 여행으로 만든다. 처음 보는 뉴욕 택시 기사와 어깨춤을 추거나 오토릭샤를 타고 인도를 달린다. 모험 스타일의 무정형 여행을 원한다면 무조건 루이스 콜의 FunForLouis 채널은 구독이다.

부록

나라별 여행 꿀팁

여행업계 최고수 하면 둘도 아니고, 하나! '하나투어'입니다. 그래서 그들에게 SOS를 쳤습니다. 나라별 여행 꿀팁을 정리해달라고. 그렇게 심혈을 기울여 만들어진 하나투어판 '나라별 여행 꿀팁'을 총정리해 부록으로 묶었습니다. 전문기자가 봐도 이것만 알면 세계 어디를 가도 문제없습니다. '돼지코'로 불리는 콘센트 볼트 전압부터 환전까지, 여행 팁의 진수를 맛볼 수 있을 것입니다. 아, 잊을 뻔했네요. 일부러 부록으로 따로 묶은 이유를 아시겠지요. 급할 때 이 부록만 따로 찢어서 들고 가시라는 의미입니다. 그럼 멋진 여행, 건투를 빕니다.

 태국

시차
한국보다 2시간 느리다.

날씨
태국은 3개 계절로 나뉜 열대기후 나라다. 3~5월에는 매우 덥고 건조한 날씨로 평균 기온이 34도까지 올라간다. 6~10월에는 평균 29도에 우기에 해당하며, 가장 시원한 11~2월은 낮에는 32도까지 오르지만 아침저녁에는 20도까지 내려가 선선하다.

통화
태국의 공식 화폐단위는 '밧baht'이다. 1밧, 2밧, 5밧, 10밧까지는 동전이고 20밧, 50밧, 100밧, 500밧, 1,000밧은 지폐를 사용한다.

환전
미국 달러화는 태국에서 자유롭게 환전 가능하나 원화는 환전이 쉽지 않다. 출발 전 한국에서 미리 밧화로 환전하는 것을 추천한다.

전압
110~240볼트까지 사용이 가능하며 3구 콘센트를 사용한다. 하지만 태국의 모든 콘센트가 한국의 220볼트 2핀 플러그를 사용하는 데 문제가 없다.

종교
국교가 불교로, 국민의 약 95퍼센트가 불교를 믿는다. 일상이 불교와 밀접한 연관을 가진 것은 물론, 시내 도처에서 불교 사원을 볼 수 있다.

TIP!

태국은 길거리에 떠도는 개가 많은 편인데, 사람의 손을 타고 자란 개들이 아닌 경우가 많으니 가까이하지 않는 것이 좋다. 또한 차량 진행 방향의 경우 한국과 달리 운전석이 오른쪽에 위치해 있고 차량 통행 방향도 반대기 때문에 주의가 필요하며, 오토바이 이용 시에는 역주행을 주의하고 좌우를 살펴야 한다. 특히 식수는 가급적 사서 먹는 것이 좋다. 물의 종류가 다양한데 Drinking Water는 식음도 가능하고 비교적 싼 편이기 때문에 요리나 양치 등에 사용하고, 물에 민감한 편이라면 조금 더 고가의 Mineral Water를 먹는 것을 추천한다. 상수도가 한국처럼 깨끗하지 않으니 수돗물은 절대 마시지 말자.

시차

한국보다 1시간 느리다.

날씨

사계절이 여름인 싱가포르는 연간 30도를 웃도는 덥고 습한 기후지만 시기마다 다른 매력을 느낄 수 있어 언제든 여행을 떠나도 무난하다. 다만 10월부터 이듬해 3월까지는 우기에 해당하니 항상 대비하는 것이 좋다.

통화

싱가포르 달러SGD가 사용되며 지폐는 2, 5, 10, 50, 100, 1,000, 10,000 싱가포르 달러가 있고 동전은 5, 10, 20, 50 센트와 1싱가포르 달러가 있다.

환전

여행을 떠나기 전 은행에서 미리 환전하는 것이 좋다. 공항에서 환전하면 수수료가 다소 높을 수 있다.

전압

220~240볼트로, 한국에서 사용하는 전자 기기를 사용하는 데 큰 무리는 없지만 콘센트 모양이 달라 멀티 어댑터가 필수다.

TIP!

싱가포르는 카드 사용 문화가 발달했기 때문에 현금은 최소 비용으로 가져가 쓰는 것을 추천한다. 현금이 부족한 경우에는 거리 곳곳에 위치한 ATM을 이용해 현금을 출금하면 된다.

시차

한국보다 1시간 느리다.

날씨

필리핀은 아열대기후 지역으로 11~5월까지 건기, 6~10월까지 우기다. 해양 스포츠를 즐기려면 우기는 피하는 것이 좋으며 다양한 액티비티를 즐기기 위해서는 12~2월 여행을 추천한다.

통화

필리핀의 화폐단위는 '페소peso'다. 지폐 종류는 20페소, 50페소, 100페소, 200페소, 500페소, 1,000페소가 있고 동전 종류는 1페소, 5페소, 10페소, 20페소가 있다.

환전

필리핀에서는 쉽게 사설 환전소를 찾을 수 있다. 한국에서 한화를 미국 달러화로 환전해 가지고 간 후 필리핀에서 달러화를 페소화로 환전하는 것이 좋다. 1만 달러까지 반입이 가능하고 거의 모든 환전소에서 달러화를 페소화로 환전할 수 있어 추천한다.

전압

필리핀 전기 전압은 한국과 동일한 220볼트, 60헤르츠지만 간혹 콘센트 모양이 다를 수 있어 멀티 어댑터를 챙기자.

언어

필리핀 정부는 타갈로그어와 영어를 공용어로 지정해 사용하고 있다. 특히 영어를 능숙하게 사용하는 사람이 많다.

종교

가톨릭 국가인 필리핀은 80퍼센드 정도가 가톨러 신자다 이 외에도 기독교(9퍼센트)와 이슬람교(6퍼센트) 등이 있다.

TIP!

인적이 드문 밤거리를 다니거나 유흥가 주변 출입은 자제하고 대중교통 이용 시 소지품 관리에 주의하자.

시차

한국보다 2시간 느리다.

날씨

베트남은 동남아 지역의 특성인 열대기후와 뚜렷한 건기와 우기를 갖고 있고, 남북으로 길게 늘어진 지형 특성상 지역마다 기후가 다르다. 북부, 중부, 남부가 다르니 여행하는 지역에 맞춰 날씨 정보를 확인하고 가야 한다. 베트남 북부(하노이, 하롱 베이)는 아열대기후에 속하며 뚜렷하지는 않지만 사계절이 있다. 중부(다낭, 호이안)는 일교차가 거의 없고 건기와 우기의 시즌이 뚜렷하다. 남부(나트랑, 달랏, 호치민, 푸꾸옥)는 최저 기온 25도를 웃도는 열대기후로, 건기와 우기 시즌이 뚜렷하다.

통화

베트남의 화폐단위는 '동dong'이다

환전

원화를 미국 달러화로 환전 후 베트남 현지 환전소에서 베트남 화폐로 재환전하는 것이 좋다. 환전은 현지 공항 내에 있는 환전소보다 시내에 위치한 금은방에서 환전하면 시세보다 높게 받을 수 있어 현지 사람들도 자주 이용한다. 급하게 필요한 금액은 공항 내에서 일부 환전을 하고 나머지는 시내에서 하는 것이 환전 팁이다.

전압
110~250볼트로, 한국에서 사용하는 플러그를 가져가도 사용이 가능하다.

언어
베트남은 베트남어를 사용하지만 외국인의 왕래가 많은 관광지에서는 기본적인 영어 소통이 가능하다.

종교
베트남은 총 15개의 종교가 정부의 인가를 받아 활동하고 있다. 그중에서도 주로 불교를 많이 믿으며 유교도 큰 영향력을 발휘한다.

TIP!
한국에서는 특별한 상황이나 화를 내는 경우 클랙슨을 사용하지만 베트남에서 클랙슨은 단순히 주의를 주는 신호 표시다. 베트남에서 누군가 경적을 울려도 화내거나 놀라지 말고 넘기면 된다. 또한 베트남에서 물건을 살 때는 흥정을 통해 합리적인 가격으로 사는 것이 좋다.

일본

날씨
일본은 기온과 날씨가 계절에 따라 큰 차이를 보이는 사계절 나라다. 한여름에는 걷기 힘들 정도로 습하고 무더워 도쿄와 오사카 등 대도시에서 한여름에 오래 걷는 여행은 피하는 것이 좋다. 봄과 가을은 한국과 비슷한 날씨며 한겨울에도 영하까지 내려가는 날이 드물다. 섬나라인 일본은 비가 자주 내리니 우산을 준비하자.

통화
기호는 ￥ 또는 Y이다. 일본의 동전 종류는 1엔, 5엔, 10엔, 50엔, 100엔, 500엔이 있고 지폐 종류는 1,000엔, 2,000엔, 5,000엔, 10,000엔이 있다.

환전
일정이 짧고 경비가 많지 않다면 한국에서 엔화로 환전해 가져가는 것이 좋다. 일본 현지에서 환전할 경우 공항 환전소나 시내 은행을 이용하면 된다.

전압
한국의 220볼트와 달리 일본은 110볼트다. 한국과 콘센트 모양이 다르기 때문에 변환 플러그를 준비하자.

종교
신도神道, 자연숭배·조상숭배를 기본으로 하는 일본의 토착적인 종교와 불교가 일본의 양대 종교며 국교는 따로 정해져 있지 않다. 자신을 무종교인이라고 생각하는 사람이 많지만 신사나 절에서의 종교적인 관습과 실천은 일상화돼 있다.

TIP!

일본은 현금 사회기 때문에 일상생활에서 현금을 많이 쓴다. 또한 일본의 소매점이나 식당 등에서 금액에 추가로 소비세가 포함돼 계산되는 점도 유의해야 한다.

 캄보디아

시차
한국보다 2시간 느리다.

날씨
3~5월에는 강수량이 적은 대신 더위가 기승을 부리고, 6~10월은 우기로 접어들어 야외 활동에 지장이 있지만 1년 내내 여행 가능하다. 특히 11월부터 이듬해 2월까지는 강수량이 적고 날씨도 쾌적하다.

통화
캄보디아의 화폐단위는 '리엘riel'이고 기호는 R이다. 미국 달러화의 통용도 활발해 쓰는 데 불편이 없다.

환전
캄보디아에서는 자국 화폐인 리엘화뿐 아니라 미국 달러화, 태국 밧화가 통용되기 때문에 환전하는 경우는 드물다. 은행이나 사설 환전소에서 환전할 수 있다

전압

전압은 220볼트, 주파수는 50헤르츠로 한국 전자 기기를 그대로 가져가 사용할 수 있다.

종교

캄보디아는 헌법상 불교가 국교며 인구의 절대 다수가 불교 신자다.

TIP!

교통수단으로 '툭툭이'를 잡아타거나 툭툭이 전용 애플리케이션을 사용하면 편리하다. 또한 캄보디아는 불교 국가기 때문에 사원을 방문할 때는 복장에 유의해야 한다. 모자나 선글라스는 벗고 짧은 스커트나 민소매도 피하는 것이 좋다.

말레이시아

시차

한국보다 1시간 느리다.

날씨

1년 내내 여름이다. 비교적 강수일수가 적은 시기인 1월과 2월, 6월과 7월이 여행하기에 가장 적합한 시즌이다. 다만 건기에도 소나기는 잦을 수 있다.

통화

말레이시아의 화폐단위는 '링깃ringgit'이다.

환전
한국에서 미국 달러화로 환전 후 말레이시아에서 링깃화로 재환전하는 것이 좋다.

전압
240볼트로, 3구 콘센트를 사용하며 멀티 어댑터를 챙겨야 한다.

종교
말레이시아의 국교는 이슬람교지만 종교의 자유가 허용되는 나라로, 인종만큼 다양한 종교가 혼재돼 있다.

TIP!
이슬람 국가인 말레이시아를 여행할 때는 무슬림에 대한 에티켓을 지켜야 한다. 일반적으로 무슬림은 왼손을 부정한 것으로 여겨 식사할 때나 물건을 줄 때 왼손을 사용하지 않는다. 그러므로 왼손으로 물건을 건네거나 사물을 가리키지 않아야 한다. 또한 무슬림은 머리를 신성한 부분으로 여기기 때문에 아이들의 머리를 쓰다듬는 것은 자제해야 한다.

인도네시아

시차
서부(자카르타 등) : 한국보다 2시간 느리다.
중부(발리 등) : 한국보다 1시간 느리다.

동부(파푸아 등) : 한국과 동일하다.

날씨

한국과 달리 인도네시아는 계절이 하나다. 지역별 차이가 있지만 평균적으로 일최고 기온 32~34도, 일최저 기온 24~26도며 4~10월은 건기, 11~3월은 우기다.

통화

인도네시아의 화폐단위는 '루피아rupiah'고 지폐 종류는 1,000, 2,000, 5,000, 10,000, 20,000, 50,000, 100,000 루피아가 있다.

환전

한국에서 미국 달러화로 환전 후 현지에서 루피아화로 환전하는 것이 좋다. 대도시의 경우 보통 시내에만 환전소가 있다. 특히 주요 관광지의 경우 환전소도 많고 환율도 좋다.

전압

한국과 동일하게 전압은 220볼트, 콘센트도 2구 형태다. 한국에서 사용하던 전자기기를 그대로 사용하면 된다.

종교

인도네시아는 세계에서 가장 큰 이슬람 국가로, 이슬람교가 87퍼센트를 차지한다. 하지만 인도네시아의 발리는 힌두교가 주요 종교다.

TIP!

인도네시아 음식은 향신료가 강하기 때문에 한국인의 입맛에 맞지 않을 수 있다. 따라서 맛있는 양식 레스토랑이나 한식당을 미리 찾아두자.

대만

시차
한국보다 1시간 느리다.

날씨
대만은 연중 따뜻한 기온 분포를 보인다. 봄과 겨울은 날씨의 변동이 심하고 여름과 가을은 상대적으로 안정적인 기온이다. 특히 11월에서 3월 사이가 여행하기 좋다.

통화
대만 달러TWD를 사용한다. 1대만 달러는 100센트며 대만 화폐의 동전은 1, 5, 10, 50 센트와 1, 5, 10 대만 달러, 지폐는 100, 200, 500, 1,000, 2,000 대만 달러로 구성돼 있다.

환전
한국의 시중 은행에서 대만 달러화를 취급하는 곳은 드물다. 인터넷 환전을 한 후 해당 은행 공항지점에서 수령하거나 주거래 은행의 체크카드로 해외 현금을 인출하는 것도 하나의 방법이다.

전압
110볼트로, 멀티 어댑터가 필요하다.

종교
대만은 전체 인구의 90퍼센트가 불교와 도교가 융합된 종교를 믿는다.

TIP!

대만의 시장들은 대부분 월요일이 휴무기 때문에 월요일에 시장 방문을 계획하면 낭패를 볼 수 있다. 다만 야시장은 예외다. 대만 음식에는 고수가 많이 들어가니 고수를 못 먹는 사람이라면 '고수를 빼달라(부 야오 샹차이)'는 중국어 하나쯤은 알고 가면 좋다.

튀르키예

시차

한국보다 6시간 느리다.

날씨

땅이 매우 넓은 튀르키예의 특성상 지역별로 날씨 차이가 많이 난다. 전체적으로 여름에는 고온 건조하고 겨울에는 저온 다습한 나라다. 6~8월의 여름철이 바람의 영향으로 쾌적해 여행하기 좋다.

통화

튀르키예의 화폐단위는 '튀르키예 리라lira'다.

환전

한국에서 리라화로 바로 환전하기는 어렵기 때문에 유로화나 미국 달러화로 환전 후 튀르키예 현지에서 리라화로 다시 환전해야 한다. 미국 달러화보다는 유로화로 환전하는 것이 환율이 좋고, 또 튀르키예 일부에서는 유로화를 쓰고 있기 때문에 유로화 환전을 추천한다.

전압
튀르키예 표준 전압은 220볼트, 주파수는 50헤르츠다. 한국에서 사용하는 전자 기기를 사용할 때는 멀티 어댑터와 변압기를 함께 준비하는 것이 좋다.

종교
전 국민의 98퍼센트가 이슬람교다.

TIP!
이스탄불에는 오르막이 많아 캐리어를 끌고 다니는 자유여행객의 경우 고생할 수 있다. 비용이 들더라도 호텔까지는 택시를 이용하는 것이 좋다.

동유럽
(체코, 오스트리아, 헝가리 등)

시차
한국보다 8시간 느리다.

날씨
동유럽은 한국의 봄 날씨 같은 4~5월, 가을 날씨 같은 9~11월에 여행하기 좋다.

통화

동유럽은 서유럽과 달리 유로를 사용하지 않고 현지 화폐를 사용하는 경우가 많다.

체코 : 코루나CZK

오스트리아 : 유로EUR

헝가리 : 포린트HUF

환전

한국에서 유로화로 환전한 후 체코, 헝가리 등의 환전소에서 재환전하는 것을 추천한다.

전압

220볼트, 50헤르츠다. 멀티 어댑터를 준비하는 것이 좋다.

TIP!

동유럽은 소매치기를 주의해야 한다. 특히 관광 명소나 구시가지 등 인파가 붐비는 곳에서는 소지품을 항상 조심해야 한다. 귀중품과 돈을 한곳에 두지 말고 나눠서 지니는 것이 좋다. 동유럽 여행 일정을 추천하자면, 체코의 수도 프라하는 도시 규모가 크지 않아 평소 산책하듯 여행하는 즐거움이 있다. 크리스마스 시즌에 체코를 방문한다면 프라하 내 여러 광장에서 크리스마스 마켓을 만나보는 것도 특별하다. 헝가리에서는 야경 장소로 유명한 부다페스트의 국회의사당 건물을 방문하고 오스트리아에서 스카이워크 전망대를 이용해 할슈타트의 전경을 보는 것을 추천한다. 여행 중 슈니첼, 콜레뇨 같은 지역 특식을 시식하면서 눈과 입이 모두 즐거운 동유럽을 만끽하자.

북유럽
(덴마크, 노르웨이, 스웨덴, 핀란드 등)

시차
한국보다 8시간 느리고, 핀란드의 경우 7시간 느리다. 서머타임 적용 시 한국보다 7시간 느리고, 핀란드의 경우 6시간 느리다.

날씨
여름이 덥지 않고 쾌적하지만 짧다. 반면 겨울은 춥고 길며 흐린 날씨가 오래 지속된다. 5~8월 여행을 추천한다.

통화
덴마크 : 덴마크 크로네 DKK

노르웨이 : 노르웨이 크로네 NOK

스웨덴 : 스웨덴 크로나 SEK

핀란드 : 유로 EUR

환전
여행을 떠나기 전 한국에서 유로화로 환전한 후 현지에서 현지 화폐로 재환전하거나 'VISA' 또는 'MASTER' 신용카드 사용을 추천한다.

전압
220볼트, 50헤르츠다. 멀티 어댑터를 준비하는 것이 좋다.

TIP!

북유럽 대부분의 호텔은 일회용품 사용이 금지돼 있기 때문에 어메니티가 제공되지 않는 경우도 있다. 개인 세면 용품을 꼼꼼하게 챙겨가야 한다. 북유럽 여행 일정을 추천하자면, 로맨틱 열차인 '플롬 라인'을 타고 노르웨이에서 가장 높은 곳을 즐겨보자. 기차가 달리는 동안 웅장한 규모의 산과 거대한 폭포수 등 자연을 느낄 수 있다. 또한 노벨상 시상식 후 축하 연회가 열리는 44미터 길이의 스톡홀름 시청사 2층 '황금의 방' 내부 관광, 스톡홀름과 헬싱키를 잇는 '실자라인' 크루즈도 추천한다.

서유럽
(이탈리아, 스위스, 영국, 프랑스, 독일 등)

시차
한국보다 8시간 느리고, 영국의 경우 9시간 느리다. 서머타임 적용 시 한국보다 7시간 느리고, 영국의 경우 8시간 느리다.

날씨
5~9월이 낮이 길고 따뜻해 여행하기 좋다.

통화
이탈리아, 프랑스, 독일 : 유로EUR

스위스 : 스위스 프랑CHF

영국 : 파운드GBP

환전
한국에서 유로화와 스위스 프랑화, 영국 파운드화 모두 환전이 가능하므로 미리 적당한 금액만큼 환전해서 출발하는 것이 이중 환차손을 막을 수 있다.

전압
이탈리아, 스위스, 영국은 한국과 콘센트 모양이 다르므로 반드시 멀티 어댑터가 필요하다.

TIP!
유럽은 한국처럼 무료 화장실이 많지 않고 대부분 비용을 지불해야 화장실 이용이 가능하다. 기본적으로 유료 화장실 개념이므로 사용할 현지 동전을 준비해서 다니면 좋다. 서유럽 여행 일정을 추천하자면 런던 대영박물관, 파리 루브르박물관 관람과 아름다운 알프스의 자연을 느낄 수 있는 스위스의 융프라우산 등 유명 산을 하나쯤 탐방하고, 이탈리아 주요 관광지를 여행하는 것이 기본적이다. 특별함을 더하기 위해 파리의 상징인 에펠탑 2층 전망대에서 파리 시내를 조망하고 센강 유람선을 탑승해 낭만을 느껴볼 것을 추천한다. 피시 앤 칩스, 에스까르고(식용 달팽이 요리)를 맛보고 치즈 퐁뒤, 이탈리아 대표 화덕 피자, 파스타 등 한국에서 쉽게 접했던 음식들을 본토의 맛으로 느끼고 비교하는 것도 이색적이다.

스페인 · 포르투갈

시차
스페인은 한국보다 8시간 느리고, 포르투갈은 9시간 느리다. 서머타임 적용 시 스페인은 한국보다 7시간 느리고, 포르투갈은 8시간 느리다.

날씨
스페인은 봄가을이 여행하기에 날씨가 가장 좋다. 1년 내내 전 세계 여행객들로 가득하며 여름에는 강렬한 지중해 태양을 느낄 수 있고, 겨울에 남부 지방은 따뜻해서 여행하는 데 무리가 없다. 7~8월 여름철에는 전 세계에서 몰린 여행객들로 가득하다.

통화
스페인과 포루투갈 모두 유로EUR를 사용한다.

환전
한국에서 유로화로 환전하는 것이 좋다. 현지에서는 공항이나 역에 부설된 환전소, 시중 은행, 호텔이나 일부 여행사 등에서 환전 서비스를 이용할 수 있다.

전압
230볼트로, 한국과 콘센트 모양은 같지만 멀티 어댑터를 준비하는 것이 좋다.

TIP!
소매치기를 특히 주의해야 한다. 대부분 관광지에서 카드 결제가 가능하므로 카드 사용을 추천한다. 또한 햇빛이 매우 강해 자외선 차단 용품들을 챙기는 것이 좋다.

아프리카
(탄자니아 - 잔지바르)

시차
한국보다 6시간 느리다.

날씨
탄자니아 옛 수도 다르에스살람 기준 비가 적게 내리고 기온도 상대적으로 낮아 6~10월이 여행 적기다. 11~5월까지 우기며 3~5월에 특히 비가 많이 내린다.

통화
화폐단위는 '탄자니아 실링shilling'이다.

환전
한국에서 미국 달러화로 환전 후 현지에서 탄자니아 실링화로 재환전한다.

전압
230볼트, 50헤르츠다. 콘센트 모양은 Type D와 G를 혼용해 사용하며 멀티 어댑터가 필요하다.

종교
이슬람교, 기독교, 토속 종교 등이다.

TIP!
세계 최대의 야생동물 서식지와 매혹적인 해변, 장엄한 산과 계곡의 나라다. 세계 8대 불가사의로 불리는 세계 최대 크기의 분화구인 응고롱고로, 마사이 부족 마을, 세렝게티 국립공원, 킬리만자로산 트레킹 등 이색적인 경험이 가능하다. 따가운 태양과 모기, 벌레 등을 대비해 긴팔 셔츠와 바지를 입는 것이 좋다.

 몽골

시차
한국보다 1시간 느리다.

날씨
사계절 중 겨울이 가장 길다. 여름인 6~8월이 따뜻하고 건조한 날씨로 여행하기 좋다.

통화
몽골의 화폐단위는 '투그릭tugrik'이다.

환전
현지에서 공항이나 사설 환전소를 이용해 원화를 환전할 수 있다. 현지 ATM을 사용해 출금도 가능하고 카드 사용도 가능하기 때문에 최소한만 환전하길 추천한다.

전압
220볼트, 50헤르츠로 한국의 220볼트, 60헤르츠와 전압 차가 있으나 콘센트 모양이 같아 그대로 사용할 수 있다.

종교
티베트 불교, 개신교, 라마교, 이슬람교 등이다.

TIP!

몽골 평원의 강한 햇살에 피부 트러블이 일어날 수 있으니 선크림과 선글라스, 팔을 덮는 윗옷이 필수다. 특히 고비사막에서는 1시간만 노출해도 살이 심하게 타기 때문에 주의해야 한다. 또한 여름이라 해도 몽골의 밤은 굉장히 춥다. 특히 울란바토르 시내를 벗어나 중앙 지역이나 홉스골 호수 쪽으로 이동한다면 침낭과 겨울옷은 필수로 챙겨가야 한다.

홍콩 · 마카오

시차

한국보다 1시간 느리다.

날씨

12~2월을 추천한다. 온화한 날씨라 여행하기 좋고 연말연시 행사도 많아 볼거리가 많다. 홍콩의 메가 세일 기간은 7~9월, 12월 말~2월, 마카오는 12월 내내 마카오 쇼핑 페스티벌을 개최한다.

통화

홍콩 : 홍콩 달러HK

마카오 : 파타카MOP

환전

여행을 떠나기 전 한국에서 홍콩 달러화로 환전해가면 된다. 참고로 홍콩 달러화는 마카오 내에서 사용 가능하지만 마카오 화폐인 파타카화는 홍콩 내에서 사용할 수 없다.

전압

220볼트, 50헤르츠로 한국과 전압은 동일하나 플러그 모양이 달라 어댑터가 필요하다.

TIP!

홍콩과 마카오는 운전석이 오른쪽에 있어 주행 시 좌측 차선을 이용하니 길을 건널 때 유의해야 한다. 마카오는 카지노 이용객이 많아 호텔 또는 카지노 호텔까지 운행하는 무료 셔틀버스가 많고 투숙 여부와 상관없이 이용 가능해 탑승 장소와 하차 장소 등을 확인해 무료로 이용이 가능하다.

 중국

시차

베이징 기준으로 한국보다 1시간 느리다.

날씨

4~5월, 9~11월이 여행하기 좋은 시기지만 중국은 땅이 넓어 도시별로 여행하기

좋은 시기가 다르다. 수도 베이징을 기준으로 9월 말~11월 초의 가을, 4~5월의 봄이 여행하기 좋다.

통화
중국의 화폐단위는 '위안yuan'이다.

환전
작은 단위의 위조지폐가 많아 현지 사설 환전소보다는 한국에서 은행, 공항을 통해 환전하는 것을 추천한다. '알리페이', '위챗페이' 같은 모바일 페이를 대부분 도시에서 쓰지만 비상용 위안화 환전도 권장한다.

전압
220볼트, 50헤르츠로 한국과 차이가 없지만 전원 플러그는 한국과 달리 3구 형태이므로 멀티 어댑터가 필요하다.

TIP!
개인뿐 아니라 단체로 여행하는 방문객들도 반드시 비자를 발급받아야 한다. 중국 비자는 단수와 복수 2가지가 있는데, 단수 비자는 발급 후 30일 이내 1회에 한해 입국을 허가해주는 것이며 복수 비자는 1년 이내 횟수에 상관없이 자유롭게 입국할 수 있다. 단수와 복수 모두 최대 30일간 체류가 가능하다. 비자 접수는 개인 접수가 불가해 영사부 지정 여행사를 통해서만 신청할 수 있다.

괌 · 사이판

시차
한국보다 1시간 빠르다.

날씨
괌은 12~4월이 적기다. 열대 해양성의 고온 다습한 기후로 1~6월은 건기, 7~12월은 우기이기 때문이다. 사이판은 연중 기온차가 크지 않아 사계절 내내 여행하기 좋다.

통화
괌과 사이판은 미국 달러USD를 사용한다.

환전
괌과 사이판은 미국령으로 달러화로 환전해 가면 된다.

전압
120볼트, 주파수는 60헤르츠다. 콘센트는 A형이 많아 멀티 어댑터가 필요하다.

TIP!
사이판의 진주라고 하는 마나가하섬을 추천한다. 수심이 매우 낮은데, 수중 환경이 뛰어나 스노클링하기에 적격이고 해변을 따라 바다에 걸어 들어가 얼굴만 넣어도 다양한 열대어들을 만나볼 수 있다. 깊은 바다에서 하는 스노클링이 두려운 사람도 쉽게 도전할 수 있다.

 호주

시차
수도 캔버라를 기준으로 한국보다 1시간 빠르고, 서머타임 적용 시 2시간 빠르다.

날씨
호주의 계절은 북반구의 계절과 반대로, 12~2월이 여름으로 성수기다. 3~5월은 가을, 6~8월은 겨울, 9~11월은 봄이다. 하나의 나라지만 가장 작은 대륙이기도 해서 지역마다 기후 차이가 크다. 여름에는 울룰루 쪽 사막의 경우 너무 뜨겁고, 서북쪽(브룸~다윈)은 우기로 길이 끊겨 이동이 어려우니 여행 준비 시 각 지역의 날씨를 확인해야 한다.

통화
호주는 호주 달러AUD를 사용한다.

환전
한화를 호주 달러화로 환전해가는 것이 좋다

전압
220~240볼트, 50헤르츠로 멀티 어댑터가 필요하다.

종교
기독교, 무교, 기타 등이다.

TIP!
호주의 경우 주마다 동물에 대한 법이 상이하다. 시드니가 있는 뉴사우스웨일스주는 코알라를 만질 수 없으나 브리즈번과 골드코스트가 있는 퀸즐랜드주는 코알라를 만질 수 있다. 코알라를 안아보고 싶은 사람들에게는 퀸즐랜드주를 추천한다.

 미국

시차

미국 시차의 경우 서머타임을 기점으로 달라진다.

서머타임 기간 중 : 동부는 -1시간(낮/밤 바꾸기), 서부는 -4시간(낮/밤 바꾸기)

서머타임 기간 외 : 동부는 -2시간(낮/밤 바꾸기), 서부는 -5시간(낮/밤 바꾸기)

날씨

서부(로스엔젤레스, 샌프란시스코 등): 4월 초~10월 말 여행 추천

동부(뉴욕, 워싱턴 등) : 4월 중하순~10월 중하순 여행 추천

통화

미국은 미국 달러USD를 사용한다.

환전

원화는 미국 현지의 은행이나 환전소에서 달러화로 환전하기가 쉽지 않으므로 한국에서 달러화로 환전해가는 것이 좋다.

전압

120볼트, 60헤르츠로 플러그가 한국의 둥근 형태가 아니라 넙적한 형태로 멀티 어

댑터가 필요하다.

종교
개신교, 가톨릭, 모르몬교 등이다.

TIP!
단기 출장이나 관광 목적 방문 시 최대 90일간 비자를 면제받을 수 있다. 유효한 전자여권을 소지하고 있어야 하며 '전자여행허가제ESTA' 승인이 필요하다. ESTA 신청 자격과 조건 등의 정보는 '여행허가전자시스템(esta.cbp.dhs.gov)' 사이트에서 확인할 수 있다. 또한 직접 서비스를 받는 거의 모든 곳에서 명세서 가격의 약 15~20퍼센트의 팁을 내는 팁 문화가 있다. 팁을 명세서 가격에 포함해 표기한 후 청구하는 식당도 있다.

하와이

시차
미국 본토(서부 지역 기준)보다 3시간 느리다.

날씨
보통 12~3월이 우기다. '레인보주Rainbow State'라고 불리는 만큼 짧게 비가 내렸다 그치기를 반복한다. 연중 온화한 날씨지만 평균기온이 더 높은 여름 시즌(6~8월)이 여행하기 좋다.

통화

하와이는 미국 달러USD를 사용한다.

환전

한국에서 달러화로 환전해가는 것이 좋다.

전압

120볼트로, 멀티 어댑터가 필수다.

시차

호놀룰루에서는 횡단보도와 도로를 걸어 다닐 때 휴대전화를 사용하면 벌금을 물게 되니 명심해야 한다. 하와이 취항 항공사로는 '대한항공', '아시아나항공', '하와이안항공', '에어프레미아(부정기편 취항으로 성수기만 운영 중, 2024년 1~2월)'가 있다.

캐나다

시차

미국 서부 지역과 시차가 같다.

날씨

캐나다 서부와 중부(로키산맥 등)는 5~10월 중순(이 지역의 단풍은 붉은빛이 아닌 노란빛을 띰), 캐나다 북부(오로라 목적지로는 옐로나이프와 화이트호스 등)는 12~3월(이외의 시즌에는 오로라를 볼 확률이 떨어짐), 캐나다 동부는 5월 중순~10월 중순, 그중에서도 단풍으로 붉게 물드는 9월 말~10월 중순이 최고 성수기다.

통화
캐나다는 캐나다 달러CAD를 사용한다.

환전
현지에서 한화의 환전이 어렵기 때문에 캐나다 달러화를 한국에서 미리 바꿔가는 것이 좋다.

전압
110볼트로, 멀티 어댑터가 필요하다.

종교
가톨릭, 개신교 등이다.

TIP!
가을 단풍으로 물든 동부의 메이플 로드가 전 세계적으로 유명하며, 겨울에는 스키나 스노보드 등 겨울 레포츠를 즐기기에도 좋다. 캐나다는 치안이 안전한 편이며 지정된 장소에서만 음주와 흡연 등이 가능하다. 주류 구입 역시 지정된 장소에서 해야 하며 야외 음주는 금지다. 공공건물이나 공동 사용 건물 내에서는 금연이며 위반하면 벌금을 부과한다. 또한 캐나다에서는 수렵, 낚시, 식물 채집 등에 대한 제한이 엄격하므로 허가를 받거나 유의해야 한다.

1초
여행 꿀팁

초판 1쇄 2024년 1월 31일

지은이 신익수
펴낸이 허연
편집장 유승현 **편집3팀장** 김민보

책임편집 장아름
마케팅 김성현 한동우 구민지
경영지원 김민화 오나리
표지 디자인 김보현
본문 디자인 ㈜명문기획

펴낸곳 매경출판㈜
등록 2003년 4월 24일(No. 2-3759)
주소 (04557) 서울시 중구 충무로 2(필동1가) 매일경제 별관 2층 매경출판㈜
홈페이지 www.mkpublish.com **스마트스토어** smartstore.naver.com/mkpublish
페이스북 @maekyungpublishing **인스타그램** @mkpublishing
전화 02)2000-2611(기획편집) 02)2000-2646(마케팅) 02)2000-2606(구입문의)
팩스 02)2000-2609 **이메일** publish@mkpublish.co.kr
인쇄·제본 ㈜M-print 031)8071-0961
ISBN 979-11-6484-655-9(13980)

ⓒ 신익수 2024

책값은 뒤표지에 있습니다.
파본은 구입하신 서점에서 교환해 드립니다.